Autor

Karl Kretzmer, Jahrgang 1953, studierte in Freiburg i.Br. Germanistik und Politologie.
Er unterrichtete in der Kinder- und Jugendpsychiatrie, wurde Landschaftsgärtner und arbeitete als Handyman in Kalifornien. Er leitete eine Eingliederungsmaßnahme für jugendliche Langzeitarbeitslose, wurde Oberstudienrat und unterrichtete an einem beruflichen Gymnasium die Fächer Ethik, Deutsch und Geschichte.

Seit den 80er Jahren entwickelte er das *Apriori-Prinzip.*
Heute hält er Vorträge und gibt Schulungen und Seminare zur **Apriori-Methode**.

Kontakt

https://www.apriori-prinzip.de

Karl Kretzmer

Analyse und Gestaltung dynamischer Prozesse

Das Apriori-Prinzip

Eine induktive Methode

Bibliografische Information der deutschen Nationalbibliothek:
Die Deutsche Nationalbibliothek verzeichnet diese Publikation
in der Deutschen Nationalbibliografie; detaillierte bibliografische Daten sind im Internet http://dnb.dnb.de abrufbar.

© 2019 Karl Kretzmer
Herstellung und Verlag:
BoD – Books on Demand, Norderstedt

ISBN 978-3-7494-6993-2

Inhalt

Vorwort

„Alles Leben ist Problemlösen." *(K. Popper)*

Kleine Dinge wie

Hände waschen – putzen – abends weggehen – Auto fahren –
Mails checken – Nachrichten hören – ins Kino gehen ...

Und große Dinge wie

Entscheidungen treffen – Konflikte lösen –
Ergebnisse präsentieren – Abläufe organi-
sieren – komplexe Zusammenhänge erfassen – Konzepte entwickeln ...

Hinter jeder Handlung steckt ein Problem, das gelöst werden
will.

Und genau so, wie man – in Anlehnung an Watzlawicks bekannten Slogan – nicht nicht-kommunizieren kann, kann man
auch nicht nicht-handeln und nicht nicht-Problem-lösen.

Die „Apriori-Methode" ist eine neue Form des Problemlösens.
Heißt das, dass man jedes Problem der Welt mit der Apriori-
Methode „richtig" lösen kann? Nein. Aber sie ist auf alle Prob-
leme oder Konflikte anwendbar. Sie ist eine Leitlinie oder ein
Handlungsplan, ein allgemeines Lösungsmuster, das in sich
stimmige Lösungen konstruiert.

Einerseits besteht ein großer Bedarf nach einem guten Gerüst,
nach einer induktiven Methode für jede Form der Problembewältigung. Auf der anderen Seite sind induktive Methoden ver-
pönt und nicht belastbar, weil sie nicht wissenschaftlich sind.
Die „Apriori-Methode" vermittelt zwischen diesen beiden

7

Positionen, weil sie einerseits pragmatisch anwendbar ist und den Bedarf erfüllt und andererseits dem wissenschaftlichen Objektivierungs-Anspruch nachkommt, weil sie von Grund auf logisch konstruiert ist. Eine sich selbst kontrollierende Methode, mit der sich für jedes Problem eine über das Subjektive hinausweisende „objektive Lösung" findet.

Die Veröffentlichung gliedert sich in:

Die einzelnen Kapitel

Das Kapitel I *„Das Apriori-Prinzip"* gliedert sich in zwei Teile:

1. Das Aposteriori-Prinzip
2. Das Apriori- Prinzip

Im 1. Teil wird beschrieben, wie in unserer Gesellschaft Probleme nach dem eingeschliffenen Muster des Aposteriori-Prinzips gelöst werden. Das Aposteriori-Prinzip besagt, dass in unkontrollierter Induktion Ideen, Konzepte, Hypothesen entwickelt werden, die dann hinterher in einem öffentlichen Forum angenommen oder verworfen werden. Heißt: Problemlösen ist zunächst subjektiv und wird erst in einem zweiten Schritt objektiviert. Das ist ein Ablaufschema, das uns allen durchaus geläufig ist.

Weil die Objektivierung aber längst nicht immer gelingt, bleiben Problemlösungen zuweilen subjektiv-willkürlich. Mit der Konsequenz, dass so nicht die *besten* Lösungen, sondern nur *die* Lösungen auf den Tisch kommen, die entsprechend der Persönlichkeit von Individuen (Veranlagung, Sozialisation, Weltbild etc.) wünschenswert und vorstellbar sind.

Dem Aposteriori-Prinzip wird im 2. Teil mit dem *Apriori-Prinzip* die „neue Objektivität" entgegengestellt. Ein Perspektivwechsel. Der Prozess selbst bekommt ein Mandat. Im Vordergrund steht, dass der Prozess sich optimal entfaltet und das Subjekt die Lösung nicht bestimmt, sondern sich in den Lösungsprozess integriert.

Das in Kapitel II dargestellte *Apriori-Modell* kann als *induktives Grundlagenmodell* bezeichnet werden, weil es nicht von willkürlich gesetzten Postulaten ausgeht, sondern einzig und allein von der Definition des Begriffs „Problemlösen" selbst:

> Problemlösen = die *Veränderung* – eines *Ist-Zustands* – in einen *Soll-Zustand* – durch ein *denkendes* – und *handelndes* Subjekt.

Das Apriori-Modell zeigt, wie Prozesse idealerweise strukturiert sein müssten, damit sie ihr kreativ innovatives Potential entfalten.

Im Kapitel III wird aus dem Modell die **Apriori-Methode** abgeleitet. Sie ist eine logisch konstruierte induktive Anleitung für Problemlösen mit allgemeiner Gültigkeit. Mit der Apriori-Methode lassen sich Prozesse

- analysieren,
- strukturieren
- präsentieren.

Sie funktioniert
- ✓ sowohl bei didaktischer und therapeutischer Arbeit
- ✓ als auch auf der Ebene betrieblicher und politischer Gestaltung
- ✓ als auch bei kreativ schöpferischer Arbeit.

Heißt:
- in Forschung und Lehre
- in kreativen und gestalterischen Berufen
- in Therapie und Moderation
- in Entwicklung und Konstruktion
- in Betrieben
- in Verwaltung und Organisation

Ziel ist es, Prozesse zu analysieren und zu strukturieren und
- o sie als Ganzes anzuschauen
- o innerhalb der eigenen Parameter auf völlig neue Ideen zu kommen

- o im Sinne von Picasso zu *finden* und nicht zu *suchen*
- o die eigene Professionalität voll zur Geltung zu bringen
- o Ideen konsequent zu Ende zu denken
- o Fragmente alter Strukturen zu erkennen und an neue Konzepte anzupassen
- o herauszufinden, welches Problem wirklich gelöst werden soll
- o zu verhindern, dass Trends, Gags, Schlagwörter, Neuheiten, „musts" and „shoulds" … Prozesse steuern

Einzige Voraussetzung ist die Bereitschaft, immer wieder nach präziser Begrifflichkeit zu suchen und vorläufige Ergebnisse so lange mit dem System abzugleichen, bis die einzelnen Aspekte ein in sich stimmiges, harmonisches Ganzes ergeben.

In diesem Kapitel finden sich Grafiken, Arbeitsblätter und Vorlagen zur Anwendung der Methode.

Kapitel IV: *Motivation und motivieren*. Mit dem prozessindizierenden Ansatz, der als Bereitschaft des Individuums, sich in einen Prozess zu integrieren, definiert wird, ist bereits ausgedrückt, was im Apriori-Modell unter *Motivation* zu verstehen ist. So wie der Prozess sich phasenweise entfaltet, steigt auch das Subjekt phasenweise in das Geschehen ein. Das Apriori-Modell geht davon aus, dass Motivation immer da ist, sie nur nicht immer verfügbar ist, weil das Individuum auf der Reise von der Wahrnehmung bis zur Lösung eines Konflikts irgendwo aussteigt.

Motivieren ist eine didaktische Technik, die durch das Setzen entsprechender Impulse dem Subjekt die Integration in den Prozess ermöglicht.

Motivieren zielt keinesfalls darauf ab, Individuen manipulativ zu beeinflussen, sondern darauf, das Zusammenspiel von Individuen mit einem äußeren Prozessgeschehen positiv zu gestalten.

Präsentationen, Rhetorik, Performance oder Werbung arbeiten mit allen drei Techniken:

- Mit der Apriori-Methode wird das Thema inhaltlich bearbeitet.

- Das Apriori-Motivationsmodell zeigt für die einzelnen Darstellungsphasen, welche Aktivitäten aufseiten eines Publikums, das sich aktiv mit einem Thema auseinandersetzt, erforderlich sind.

- Die Motivationsmethode zeigt, welche formalen Impulse (technische Hilfsmittel / Gestaltung der Folien / Mimik, Gestik, Sprache) und welche didaktischen Impulse in den einzelnen Phasen gesetzt werden müssen, um die Auseinandersetzung des Publikums mit dem Thema optimal zu unterstützen.

Hinweis: Die Darstellung und fundierte Begründung eines Modells und einer komplexen Methode fällt naturgemäß immer etwas umfangreicher aus. Denjenigen, die weniger an der grundlegenden Theorie interessiert sind und eher eine umsetzbare Gebrauchsanweisung suchen, sei empfohlen, ein wenig in der Darstellung des **Apriori-Modells** zu stöbern, zu versuchen dessen Logik zu verstehen, dann aber das **Apriori-Schema** und die Kurzanleitung (S. 58 ff.) bzw. die **Apriori-Übersichtstabelle** (S.92) aufzuschlagen, damit zu experimentieren und sich nach Bedarf in den Erläuterungen Hilfe zu holen.

I. Das Apriori-Prinzip

Zur Begründung einer induktiven Methode

Prolog

Wenn man eine unbekannte Landschaft erkundet, kann man nicht wissen, ob man „richtig" oder „falsch" geht. Alle Wege sind möglich. Irgendeinen Weg muss man gehen. Eine Entscheidung wird gefällt, eine Setzung, die mehr oder weniger willkürlich ist.

Man handelt induktiv[1]. Um ein Wissen vom Ganzen zu bekommen, geht man Wege, sammelt Einzelheiten, beachtet das Besondere, ohne genau zu wissen, welche Bedeutung ihm im Gesamten zukommt. Das weiß man hinterher – Aposteriori.

Wenn man eine Karte hat, in der Besonderheiten eingetragen sind, kann man sich orientieren, kann man das, was man wahrnimmt, mit der Karte abgleichen bzw. die Karte überprüfen. Jetzt handelt man deduktiv. Mit der Deduktion wird der Wahrheitsgehalt einer Theorie überprüft.

Wenn man bei der Erkundung einer Landschaft ein Wissen von den Himmelsrichtungen hat, bedient man sich bereits einer Methode (siehe auch S. 34) – in diesem Fall der Navigation. Immer noch können unüberwindliche Flüsse, Gebirge oder Schluchten einem den Weg verstellen. Aber man hat bereits – Apriori – eine Orientierung. Die Anwendung der Methode garantiert kein sicheres Ankommen, aber sie gibt dem Fortkommen eine Richtung und verhindert, dass man im Kreis geht.

Induktive Methoden oder Handlungsmodelle sind Regeln, an die man sich halten kann, wenn man unbekanntes Gelände

---

[1] Induktive Prozesse sind solche, in denen ich das Konkrete vorfinde und daraus eine abstrakte Theorie, eine allgemein gültige Behauptung entwickle. Beispiel: der kürzeste Weg von Frankfurt nach Mailand führt über den St. Gotthard-Tunnel. Weil aber in Zürich abends oft Stau ist, ist der Weg über den St. Berardino evtl. schneller.

betritt. Einige sind glatter Humbug, wie etwa „Murphys Law",
demzufolge ein Marmeladebrot, das auf den Boden fällt, mit
größerer Wahrscheinlichkeit auf die Marmeladenseite fällt. Andere sind treffsicher und hilfreich: die „AIDA-Formel" aus der
Werbung, die „forming-storming-norming-performing-Formel"
aus der Teambildung, das „vier-Ohren-Modell" oder der Merk-
satz: „never cahnge a winning team".

Der Konflikt

Das kreativ tätige Individuum der Postmoderne lebt in der pa-
radoxen Situation, dass es ständig aufgefordert ist, einerseits
aus seinem subjektiven Bewusstsein (Wissen, Erfahrung, Beobachtung, Intuition, Gefühl ...) heraus induktiv zu handeln –
und dabei möglichst genial und kreativ zu sein. Und andererseits sollte es doch alles richtig machen.

Es lebt in der ständigen Angst, hinterher (deduktiv) an Erkennt-
nissen gemessen zu werden, die es – Apriori – nicht hatte und
nicht haben konnte, weil sie erst im Nachhinein – Aposteriori –
aus dem Prozess selbst gewonnen wurden.

Handeln, als ob man wüsste, verantwortet werden, als ob man
gewusst hätte. Induktiv, kreativ tätig sein und doch den deduk-
tionistischen Qualitätsansprüchen gerecht zu werden – das ist
die Herausforderung des gestaltenden Menschen in der modernen Lebens- und Arbeitswelt.

Der subjektive Faktor

Problemlösen kann dann zum Problem werden, wenn Analysen, Entscheidungen, bestimmte Formen der Darstellung weit-
reichende Konsequenzen haben. Man ist aufgefordert, *gute*

Lösungen zu finden – aber eigentlich ist einem nie beigebracht worden, wie das geht.

Lösungen kommen oft in einer Art Reflex zustande! *Spontan.* Subjekt-zentriert. Man wird mit einem Problem konfrontiert und im Bruchteil einer Sekunde ist alles zugleich da: Eine Beurteilung entsteht; eigene Erfahrungswerte werden abgescannt; Konzepte werden entwickelt; eine Idee entsteht, wie man es machen könnte; Ursachen werden erfasst ... und dann handeln wir.

Diese spontanen Lösungsbewegungen sind natürlich abhängig von eigenen Veranlagungen und davon, wie die Welt wahrgenommen[2] wird.

Im Prototyp des Machers (f/m), der aus einer Mischung aus Enthusiasmus, Fachkompetenz, Charisma und Intuition agiert, scheint die Ambivalenz subjektiven Handelns aufgehoben. In den Machern haben wir jene Persönlichkeiten vor uns, die uns glauben machen, dass Probleme vor allem aus der subjektiven Perspektive gelöst werden. Aus seinem eigenen Orbit heraus zu handeln und subjektiv eigenwillige Entscheidungen zu treffen, erscheint nicht nur legitim, sondern sogar erstrebenswert. Subjektivität steht für Dynamik, Potenz, Bewegung, Entwicklung. Aber sie bringt andere auch um das Vergnügen, sich Prozesse anzueignen und sich mit ihnen auseinanderzusetzen. (Siehe auch S. 84 f.)

Und nicht alle, die sich für genial halten, sind es auch. Denn wie man weiß, ist das Leben kompliziert, Irritation ist häufig und

---

[2] Sehr lustig hierzu der Selbsttest zur selektiven Wahrnehmung von Daniel J. Simons (auf YouTube) oder auch das Experiment „Der Mord im Hörsaal", das schon 1901 an der juristischen Fakultät Göttingen durchgeführt wurde und die Überzeugung von der Objektivität der Wahrnehmung gründlich in Frage stellte.

Genie ist selten. Oft schimmert da etwas durch – in einer Interpretation, in einem Konzept, in der Art, wie Dinge angegangen werden: eine persönliche Einstellung, ein bestimmtes Denken, eine Weltsicht.

Bis zu einem gewissen Grad lebt jeder in seiner eigenen Wirklichkeit und handelt aus seinem eigenen Weltverständnis heraus. Analysen, Ideen, Konzepte, Entscheidungen sind so mittelmäßig oder genial, wie der Kopf, dem sie entsprungen sind.

Subjektiv eindimensionales Problemlösen

Darüber hinaus scheint bei Lösungsprozessen deren subjektive Beeinflussung strukturell angelegt zu sein. Ein Umstand, der nur wenig Beachtung findet.

Probleme werden meistens linear gelöst. Heißt: es wird entweder der Lösungsweg in Form von Konzepten und/oder Strategien festgelegt (Frage: Wo kommen die her?), um eine Lösung zu erzielen, oder die Lösung wird festlegt in Form von Zielen, angestrebten Ergebnissen und Lösungen (Frage: Wo kommen die her?) und der beste Lösungsweg gesucht. Eine der beiden Variablen wird fixiert, um die andere zu ermitteln.

Beide Variablen frei zu halten und den Prozess in einer dynamischen Dialektik sich entwickeln zu lassen, scheint zu kompliziert zu sein. (Siehe auch S. 33) Überspitzt ausgedrückt werden Probleme nicht gelöst, sondern Lösungen werden von vorn herein subjektiv festgelegt.

Fazit

Manchmal werden Dinge richtig gut gelöst. Und dann gibt es genügend Beispiele, wie Prozesse unter dem Einfluss der Subjektivität verkümmern und mittelmäßig werden.

Beispiel: *Im Februar 2015, vier Jahre nach der Vergabe der Austragung der Fußball WM an Katar (02.12.2010) ging die Nachricht durch die Medien, dass die Fifa „entdeckt" habe, dass es in Katar im Sommer bis zu 50° C heiß werden könne. Es wurde vorgeschlagen die Austragung der Fußball-WM auf den Winter zu verlegen. Interessant die Reaktion der Öffentlichkeit: ein paar bissige Kommentare, „Fußball-WM unter dem Weihnachtsbaum..." Von politischer Entscheidung war die Rede. Schulterzucken. Sonst nichts! Kein Aufschrei der Empörung!*

Warum haben wir uns angewöhnt, Lösungen auch dann zu akzeptieren, wenn sie offensichtlich suboptimal sind? Hier ein Skandal, dort eine Affäre. Warum werden schlechte Lösungen als Betriebsunfälle betrachtet, die das Problemlösen nun mal mit sich bringt?

Vielleicht liegt es daran, dass wir es mit einem eingeschliffenen Schema zu tun haben, welches Probleme strukturell auf eine ganz bestimmte Art und Weise löst. Und, dass in weitgehender Übereinstimmung angenommen wird, dass Probleme nur so und nicht anders gelöst werden können.

Um dieses Lösungsmuster soll es im Folgenden gehen.

A) Das Aposteriori-Prinzip

1. Darstellung

Sowohl in der Wirtschaft, in der Politik als auch in der Wissenschaft werden Probleme nach einem Lösungsmuster bearbeitet, das man das „Aposteriori-Prinzip" nennen könnte. Ein Schema, das uns trotz seiner widersprüchlichen Struktur so vertraut ist, dass es einem fast schon „archaisch" anmutet.

Dem Aposteriori-Prinzip zufolge wird ein gesamtgesellschaftliches Anliegen am besten gelöst, wenn es zunächst der Subjektivität des Individuums bzw. einer Gruppe von Individuen anheimgestellt wird. Das egoistische Motiv der Akteure – Erkenntnis, Machtstreben, Profit – wird billigend in Kauf genommen. Im Nachhinein wird das Mittel zum subjektiven Zweck in einem öffentlichen Forum mit anderen subjektiv motivierten Projekten abgeglichen mit dem Kalkül, dass ein derart „objektiviertes" Verfahren die für das Gemeinwohl beste Lösung erbringe.

Das Lösungsschema des Aposteriori-Prinzips könnte man für Ökonomie, Wissenschaft und Politik tabellarisch wie folgt festhalten:

	Ökonomie	Politik	Wissenschaft
Prinzip	Liberalismus	Pluralismus	Deduktionistisches Prinzip
Gesellschaftlicher Bedarf	Güterversorgung	Interessenausgleich	Gesellschaftlicher Fortschritt
Subjektives Motiv	Profitstreben	Machtstreben; Einflussnahme	Forscherdrang; Ruhm; Karriere;
Mittel zum Zweck	Produktion von Waren	Politisches Konzept	Wiss. Hypothesenbildung
Forum	freier Markt	Parlament	Wissenschaftliches Forum / Publikation
Gesellschaftliches Regulationsprinzip	Angebot und Nachfrage	Wahl	Wissenschaftlicher Disput

1.1.   Das Aposteriori-Prinzip in der Ökonomie

Die Aufgabe einer jeden Ökonomie ist optimale flächendeckende Versorgung mit hochwertigen Gütern. Die klassisch liberale Logik ist die, dass über den Mechanismus von Angebot und Nachfrage die Güterversorgung gesichert sei. Das subjektive Interesse ist das egoistische Profitstreben. Festzuhalten gilt, dass die Nachfrage den Warenstrom Aposteriori regelt, also **nachdem** das Produkt hergestellt wurde. Erst dann greift die Regulierung auf dem freien Markt: die Ware verkauft sich oder nicht.

1.2.   Das Aposteriori-Prinzip in der Wissenschaft

Die Aufgabe der Wissenschaft ist seit jeher, den gesellschaftlichen Fortschritt voranzutreiben. Das subjektive Interesse des Wissenschaftlers könnte eine gewisse intellektuelle Eitelkeit, das Bedürfnis nach Berühmtheit, Forscherdrang oder schlichtweg eine wissenschaftliche Karriere sein.

In seiner „Logik der Forschung" unterteilt Popper den Vorgang des wissenschaftlichen Problemlösens in eine induktive und eine deduktive Phase. Er behauptet, dass man bestehende Hypothesen mit wissenschaftlichen Methoden auf ihre Haltbarkeit überprüfen kann. (Deduktion). Dass es aber keine Methode gibt und geben könne, mit der man Hypothesen aufstellen kann, die auf jeden Fall richtig sind. (Induktionsproblem). Wissenschaftlich korrekt ist allein der deduktive Prozess. Die Induktion wurde von Popper aus dem wissenschaftlichen Prozess ausgeschlossen (und damit wurde leider auch die Entwicklung einer induktiven Methode bis auf weiteres gründlich desavouiert.)

„An der Frage, wie es vor sich geht, dass jemandem etwas Neues einfällt - sei es nun ein musikalisches Thema, ein

dramatischer Konflikt oder eine wissenschaftliche Theorie -, hat wohl die empirische Psychologie Interesse, nicht aber die Erkenntnislogik. Diese interessiert sich nicht für Tatsachenfragen (Kant: "quid facti"), sondern nur für Geltungsfragen ("quid juris") - das heißt für Fragen von der Art: ob und wie ein Satz begründet werden kann; ob er nachprüfbar ist; ob er von gewissen anderen Sätzen logisch abhängt oder mit ihnen in Widerspruch steht usw. Damit aber ein Satz in diesem Sinn erkenntnislogisch untersucht werden kann, muss er bereits vorliegen; jemand muss ihn formuliert, der logischen Diskussion unterbreitet haben."[3]

„Unsere Auffassung (von der die Ergebnisse unserer Untersuchung jedoch unabhängig sind), dass es eine logische, rational nachkonstruierbare Methode, etwas Neues zu entdecken, nicht gibt, pflegt man oft dadurch auszudrücken, dass man sagt, jede Entdeckung enthalte ein "irrationales Moment", sei eine "schöpferische Intuition" (im Sinne Bergsons); ähnlich spricht Einstein über ". .. das Aufsuchen jener allgemeinsten ... Gesetze, aus denen durch reine Deduktion das Weltbild zu gewinnen ist. Zu diesen ... Gesetzen führt kein logischer Weg, sondern nur die auf Einfühlung in die Erfahrung sich stützende Intuition."[4]

Heißt: Subjektive Hypothesen dürfen aufs gerate wohl aufgestellt werden, die krudesten Gedanken dürfen konstruiert und dem wissenschaftlichen Forum vorgelegt werden, weil ja falsche Aussagen hinterher (Aposteriori) falsifiziert und aus dem wissenschaftlichen Prozess ausgeschlossen werden. Subjektivität wird durch deduktives Vorgehen, durch die Überprüfung einer Hypothese am besonderen Einzelfall, zurückgedrängt. So die Theorie.

---

[3] K. Popper: Logik der Forschung, Tübingen 2005, S. 7
[4] A.a.O., S. 8

1.3.   Das Aposteriori Prinzip im Pluralismus

Die Aufgabe des demokratischen Parlamentarismus ist der In-
teressens- oder Machtausgleich verschiedener in der Gesellschaft sich artikulierender Partikularinteressen. Das pluralisti-
sche Prinzip geht davon aus, dass die Interessengruppen auf
den gesellschaftlichen Wandel reagieren, indem sie die Durch-
setzung ihrer subjektiven Interessen planen und in kurzfristi-
gen und/oder langfristigen Konzepten festschreiben. Dann –
Aposteriori – werden nach demokratischen Spielregeln die
konkurrierenden Konzepte abgeglichen und ausgeglichen.
Das „große Aposteriori" ist die Wahl. Nachdem oft jahrelang
u.a. mit dem Kalkül auf Stimmengewinn eine bestimmte Politik
gemacht und Tatsachen geschaffen wurden, goutiert oder
straft der Wähler eine Politik im Nachhinein ab, die sich allerdings längst realisiert hat.

1.4.   Fazit:

Das Aposteriori-Prinzip ist ein Lösungsschema, das uns ganz
selbstverständlich und vertraut ist. Ein Schema, das wir so
sehr internalisiert haben, dass wir seine Logik bezeichnender-
weise auch dann nicht in Zweifel ziehen, wenn Probleme suboptimal und unbefriedigend gelöst werden.

Es soll hier keine Gesellschafts- oder Wissenschaftskritik er-
folgen. **Der unbestreitbare Wert des Aposteriori-Prinzips**
liegt darin, dass es die Energie des subjektiven Egoismus nutzen und gleichzeitig seine Macht beschränken kann.

Der Fehler liegt im falschen Gebrauch des Aposteriori-Prinzips. Darin, dass es als originär gesellschaftliches Regulati-
onsprinzip in seiner deduktivistischen Logik als Instrument für
induktiv-kreatives Problemlösen benutzt wird. Und als unmittelbare Konsequenz davon, dass Lösungsprozesse von

subjektiv persönlichen Determinanten überlagert bzw. dominiert werden. Dem deduktiven Aposteriori-Prinzip, der willkürlichen Induktion stellen wir das induktive **Apriori-prinzip** entgegen, die **methodisch geführte Induktion.**

2. Kritik an der missbräuchlichen Verwendung des Aposteriori-Prinzips als Problemlösungsverfahren

2.1. Willkürliche Induktion impliziert willkürliche Hypothesenauswahl

Wie bereits gezeigt wurde beruht Entwicklung nach dem Aposteriori-Prinzip auf dem Zufallsprinzip. Der gesellschaftliche Bedarf an Ideen und Lösungskonzepten wird dergestalt befriedigt, dass subjektive Induktion sich willkürlich entfaltet und hinterher – Aposteriori – objektiviert wird.

a) Damit im Sinne dieser Logik das vorhandene Ideenpotential ausgeschöpft wird, müsste eigentlich jede Lösungs-Hypothese es wert sein, einem Forum unterbreitet, ausprobiert und evaluiert zu werden, was natürlich nicht gemacht wird, weil der quantitative Aufwand viel zu groß und je nach Projekt und Anliegen der Verschleiß an Arbeit und Energie enorm wäre.

b) Also wird in der Praxis (im Betrieb, im Team, in der Partei, in Forschung und Lehre ...) eine Vorauswahl getroffen. Diese orientiert sich an bestimmten, manchmal offen gelegten, manchmal im Verborgenen wirkenden Kriterien. Wo kommen diese her? Sie gründen in Macht, Traditionen, Programmen, Zielvereinbarungen, Deutungshoheiten etc., die ihrerseits subjektiv sind und irgendwann mehr oder weniger willkürlich festgelegt wurden. Sie bestimmen die Kriterien, nach denen ausgewählt wird, welche Hypothesen / Projekte / Ideen / Lösungsansätze es wert sind, überprüft oder ausprobiert zu werden und welche nicht.

2.2. Wahllose Qualität als Resultat subjektiver Lösungsansätze

Das strukturelle Handicap subjektiv willkürlicher Induktion ist die Verkürzung der Prozessentwicklung auf das Ideenpotential der jeweils Beteiligten, deren Ideen und Lösungskonzepte miteinander abgeglichen werden. Aber: Das gegenseitige Verhandeln mittelmäßiger Ideen schafft noch längst keine richtig guten Ideen. Über einen Abgleich von Konzepten setzt sich bestenfalls das Beste der zur Verfügung stehenden, nicht aber das *bestmögliche* Lösungsmodell oder Konzept durch.

Aus Sicht des Projekts könnte es durchaus Lösungsansätze geben, die jenseits subjektiver Positionen liegen. Diese aufzuspüren, wäre Aufgabe eines methodisch induktiven Vorgehens.

Beispiel: *Man könnte sich beispielsweise bei einer Problemlösung im Team folgende klassische Rollenverteilungen vorstellen: der Visionär, der träumt und mit Ideen um sich wirft; der Realist, der auf Fakten und Zahlen verweist; der Kritiker und Pragmatiker, der Konzepte einklagt; der Macher, der zum Handeln drängt. Es entstehen endlose Debatten und unfruchtbare Diskussionen, weil jeder letztendlich in seiner Haltung gefangen bleibt und gleichzeitig versucht, den anderen zu überzeugen.*

Würde dagegen mit Hilfe einer Methode zwischen Person und Positionen differenziert, könnte das Team als Ganzes die einzelnen Phasen des Lösungsprozesses: – Wahrnehmung, Diagnose, Entwurf von Visionen und Konzepten – konstruktiv gemeinsam durchlaufen. Es würden keine Lösungsansätze gegeneinander verhandelt, sondern sie würden als Beitrag zu den einzelnen Lösungsphasen in den Lösungsprozess einfließen.

Die bestmögliche Lösung würde sich auf der Basis bereits vorhandener Konzepte und/oder Ideen in einem induktiven Verfahren herauskristallisieren.

Wie im zweiten Teil gezeigt wird, ist die Apriori-Methode genau dafür gemacht, sowohl bei individuellen als auch bei gemeinschaftlichen Problemlösungen *methodisch (!)* aus dem Dialog der Gegensätze herauszutreten und auf die Prozess-indizierende Ebene zu wechseln. Heißt: Prozesse in ihrer Gesamtheit zu erfassen.

2.3.   Warum Evaluation oft nicht gelingt und Prozesse von subjektiven Determinanten überlagert werden

a)   Dem Anspruch, fehlgeleitete Problemlösungen im Nachhinein zu regulieren, steht die Tatsache entgegen, dass oftmals schlichtweg das Interesse an der korrekten Bewertung fehlt. In der Praxis wird erstaunlich wenig nachreguliert.[5]

Manchmal findet Evaluation einfach nicht statt, dann nämlich, wenn Projekte viel zu aufregend sind, als dass man sich von ihnen lösen wollte; wenn Initiativen viel zu schwungvoll daherkommen, als dass man auf sie verzichten will; wenn die Außenwirkung viel zu schillernd ist, wenn der Sekundäreffekt eines Projekts höher bewertet wird als das Projekt oder die Initiative selbst ...

---

[5] Derzeit ist die Rede von der so genannten Replikationskrise. Man schätzt, dass je nach Fachbereich bis zu 50% der wissenschaftlichen Studien nicht replizierbar sind. (Deutschlandradio vom 2001.2019: „Signifikant oder nicht? Wenn Studien einem zweiten Blick nicht standhalten.")

... wird die Bilanzierung von Hypothesen oder Projekten manchmal einfach ausgesetzt. Die Regulierung subjektiver Positionen entfällt, weil die Faszination des Scheins die Substanz des Seins buchstäblich in den Schatten stellt.

b) Sozioökonomische Prozesse lassen sich nicht zuverlässig messen. Wie oben bereits ausgeführt, läuft wissenschaftliches Problemlösen so ab, dass Hypothesen willkürlich aufgestellt und hinterher durch Messungen überprüft werden.

Dieser naturwissenschaftliche Ansatz wird oft 1:1 auf gesellschaftliches Problemlösen übertragen. Sozioökonomische Konzepte und „Versuchsanordnungen", selbst einzelne Maßnahmen sind ihrer Anwendung oft viel zu komplex, um ihre Effizienz zuverlässig messen zu können.

1. Es wird immer eine Auswahl getroffen, was gemessen wird und was nicht. Auch die ist wieder subjektiv. Würde man tatsächlich *alle* Komponenten komplexer Prozesse messen wollen, geriete man in schier endlose Messanordnungen, die nicht zu bewältigen wären.

2. Messungen müssen vom Konkreten abstrahieren. Selbst wenn man alle Daten erfassen könnte, ergäbe das eine Art Blaupause, ein Abbild, das genauso vielschichtig wäre wie die Realität selbst. Es wäre rein deskriptiv. Ergebnisse können nur zu einer Aussage gebündelt werden, indem man sie zusammenfasst, sprich wieder (subjektiv!) interpretiert.

3. Oft arbeitet man mit Indikatoren, die bestimmte Vorgänge repräsentieren sollen – auch da gerät man wieder in den Bereich von Interpretation und subjektiver Wirklichkeitsauffassung.

4. Schließlich werden die Fakten interpretiert bzw. bewertet, um daraus Handlungsstrategien abzuleiten.

Es muss also immer die Frage gestellt werden, wie Messanordnungen festgelegt werden? Welche Daten erhoben werden? Wie sie erhoben werden? Und nach der Messung: wie die erhobenen Daten interpretiert und bewertet werden?

c) Festzuhalten ist, dass Prozesse subjektiv, heißt: persönlich motiviert und Interessen gesteuert bleiben, solange die Objektivierung von Hypothesen, Einschätzungen oder Maßnahmen nicht stattfindet. Und auch *deduktive* Messungen sind immer im Kontext *induktiver* Determinanten und damit im Kontext bewusster oder unbewusster subjektiver Wirklichkeitsauffassungen und Interessen zu sehen.

Weil diese Tatsache oft nicht berücksichtigt oder gar diskreditiert wird, findet Problemlösen häufig in einer Atmosphäre der Pseudo-Objektivität und Pseudo-Wissenschaftlichkeit statt.

2.4. Methodisch geführte Induktion kann Kreativität generieren. Deduktion kann das nicht.

„Neben Daten sind Wissensgesellschaften auf den Schlüsselrohstoff für Innovationen angewiesen: Ideen. Solche, die ... Existierendes neu verbinden, Gewissheiten verdrängen und neue Wirtschaftskreisläufe erzeugen. Dabei ist eine Qualifikation zentral, ... Kreativität. Nicht nur in der Kreativwirtschaft, sondern auch in Forschung, Verwaltung, Management." [6]

---

[6] Christian Grünwald: in Süddeutsche Zeitung vom 7./8.03.2015

a) Wissensgesellschaften sind auf Ideen angewiesen. Deduktion kann Prozesse optimieren, kann aber keine neuen Ideen hervorbringen.

Deduktives Vorgehen kann Lösungen absichern, es ist aber kein Instrument für die Entwicklung kreativer Prozesse. Auf der Basis von Fakten können gute Lösungen entstehen – aber sie entstehen daraus nicht *automatisch*, nicht zwangsläufig.

Weil aber allein die Deduktion als Methode anerkannt ist und eine induktive Methode nicht zur Verfügung steht, wird versucht, Probleme mit *deduktiven* Kontrollinstrumenten *kreativ* zu lösen. Ein Widerspruch in sich. Das gipfelt in der durchaus gängigen Überzeugung, dass Qualität entstünde, wenn Qualität gemessen wird. Was aber passiert, ist, dass zufällig entstandene subjektive Ideen und Konzepte, die den Schein des Kreativen tragen, **optimiert** werden und dieser Vorgang wird mit dem Generieren von Kreativität verwechselt.

b) Deduktion kann Daten sammeln, Trends ausfindig machen. Auf Basis dessen können Prognosen erstellt werden.

Aber so kommen keine neuen Ideen und pfiffige Konzepte zustande. Das Aufspüren dessen, was einmal erfolgreich war oder das Bedienen bestehender Trends ist nicht wirklich neu. Es ist nicht innovativ, nicht kreativ und nicht nachhaltig. Es ist *„ein Ausgehen von alten Beständen"* (Picasso), die Verlängerung des Vergangenen in die Zukunft hinein.

2.5. Fazit:

Das Aposteriori-Prinzip legitimiert sich durch den Anspruch, den subjektiven Faktor beim Lösen von Problemen geschickt zu nutzen, ihn aber in seiner Willkür zugunsten objektiv guter Ergebnisse zurückdrängen zu können.

Wenn aber – und das scheint für individuelle wie für kollektive Prozesse zu gelten – das Zurückdrängen des Subjektiven nicht gelingt, werden Probleme auf die subjektive Perspektive verkürzt und in dem Maß eindimensional und einfallslos gelöst, wie es durch die jeweiligen Persönlichkeiten und deren personelle Beschränkungen vorgegeben ist.

Was das Potential von Lösungsprozessen angeht, garantiert das Zurückdrängen des Subjektiven nicht ein Höchstmaß an kreativer Qualität, sondern nur qualitatives Mittelmaß. Problemen wird nicht umfänglich begegnet. Problemlösungen könnten mehr sein, als das, was sie im Endeffekt sind.

In Ermangelung eines grundlegend induktiven Verfahrens

- werden Lösungen zufällig *gefunden,* meist aber *subjektiv festgelegt*, nicht aber *methodisch erarbeitet.*
- kommen für anstehende Probleme irgendwelche, aber nicht die besten Lösungen zustande.
- sind Lösungen so einfallsreich, wie der Kopf, der dahintersteht.
- verlieren Prozesse ihre Dynamik, ihre Frische; sie wirken fade und abgestanden.
- bleibt das unter Handlungsdruck stehende Individuum allein gelassen.

Was ist die Alternative?
Ein Perspektiv-Wechsel!

B) Das Apriori-Prinzip

1. Die „neue Objektivität".

Der Perspektiv-Wechsel besteht darin, den Vorgang selbst in den Vordergrund zu rücken. Lösungen werden gut – nicht *durch* das Subjekt, sondern durch dessen *maximale Abwesenheit*. Picasso beschreibt das in seinem Manifest *„Ich suche nicht, ich finde"* folgendermaßen:

„Ich suche nicht, ich finde. Suchen ist das Ausgehen von alten Beständen und ein Finden-Wollen von bereits Bekanntem im Neuen. Finden, das ist das völlig Neue, das Neue auch in der Bewegung. Alle Wege sind offen, und was gefunden wird, ist unbekannt. Es ist ein Wagnis, ein heiliges Abenteuer. Die Ungewissheiten solcher Wagnisse können eigentlich nur jene auf sich nehmen, die im Ungeborgenen sich geborgen wissen, die in die Ungewissheit, in die Führerlosigkeit geführt werden, die sich im Dunkeln einem unsichtbaren Stern überlassen, die sich vom Ziel ziehen lassen und nicht – menschlich beschränkt und eingeengt – das Ziel bestimmen. Dieses Offen-Sein für jede neue Erkenntnis, für jedes neue Erlebnis im Außen und Innen: das ist das Wesenhafte des modernen Menschen, der in aller Angst des Loslassens doch die Gnade des Gehaltenwerdens im Offenwerden neuer Möglichkeiten erfährt."
(P. Picasso)

Es geht darum, das Dazwischentreten des Subjekts zu verhindern. Oder darum, dass das Subjekt – wie Picasso es ausdrückt – *„sich vom Ziel ziehen ... [lässt] und nicht – menschlich beschränkt und eingeengt – das Ziel [bestimmt]"*. Prozess-indizierendes oder induktives Problemlösen könnte man als Technik des *aktiven Geschehen-lassens* bezeichnen.

Damit stellt sich auch das Problem der Objektivierung von Vorgängen aus einer völlig neuen Perspektive: Objektivität wird nicht mehr als die Zurückdrängung des Subjektiven, sondern als die optimale Entfaltung der Prozessdynamik verstanden. Es ist, als bekäme der Prozess selbst ein Mandat.

Einen solchen Perspektiv-Wechsel kann man sich eigentlich nur mithilfe einer Methode vorstellen.

2. Was ist eine Methode?

✓ Eine Methode kann mehrere Faktoren zugleich variabel halten bzw. auch Gleichungen mit mehreren Unbekannten lösen, was lineares Denken nicht kann. (Siehe: „Subjektiv eindimensionales Problemlösen", S. 17)

✓ Methoden zerlegen komplexe Prozesse in Arbeitsschritte und machen sie auf diese Weise bearbeitbar. Das macht die Apriori-Methode mit dem sich selbst kontrollierenden Frageraster.

Beispiel:
schriftliche Division.

$$76353247 : 241 = 31...$$
723
405
241
1643
...

Oder das „Brainstorming": Das Geniale am Brainstorming ist die Erkenntnis, dass man nicht ständig Ideen anhäufen kann. Man muss den Stoff auch begrenzen und übersichtlich halten. Wie das Ausatmen zum Einatmen gehören das Entwickeln von Vorstellungen und deren Selektion zusammen. Das Anhäufen von Ideen und das Aussortieren von Unbrauchbarem – für den kreativen Prozess sind beide Tätigkeiten absolut notwendig.

Weil beide Vorgänge normalerweise zugleich auftreten, aber nicht als spezifische Qualitäten wahrgenommen werden, behindern und blockieren sie sich gegenseitig: Die Vorstellungskraft sieht sich durch die Grenzsetzung der Selektion, die Selektion durch die Zügellosigkeit der Ideenwelt bedroht. Dann passiert es, dass im Zuge der Selektion die Idee selbst vorzeitig eliminiert wird. Kreative Gedanken entstehen zwar, werden aber sofort wieder gelöscht und gehen verloren – auch wenn sie durchaus brauchbar gewesen wären.

Geht man jedoch methodisch vor, indem man die Arbeitsschritte trennt und sie hinter einander schaltet, wird das Material zuerst gesammelt und geht nicht unbemerkt verloren. Erst in einem zweiten Arbeitsschritt wird das Material gesichtet, werden Zuordnungskriterien erstellt und aussortiert. Damit wird eine enorme Steigerung der Kreativität und zugleich eine Ordnung der Gedanken (mindclearing) erreicht.

3. Induktive Methoden

Die meisten Methoden, die wir kennen, beziehen sich auf deduktive Prozesse, wie beispielsweise die schriftliche Division im Beispiel oben.

Induktive Modelle gelten als unbewiesene Behauptungen und sind wissenschaftlich nicht anerkannt.

*Beispiel: Der „goldene Schnitt" ist **das** ideale Prinzip ästhetischer Proportionierung. Relationen nach dem goldenen Schnitt werden vom Menschen als harmonisch wahrgenommen. Sie lassen sich auch im Aufbau einiger Pflanzen nachweisen. Die harmonische Wirkung des goldenen Schnitts, beispielsweise in mittelalterlicher Architektur, wird von den meisten Menschen zwar durchaus empfunden, sie kann aber nicht wissenschaftlich nachgewiesen werden.*

Induktiven Modellen wird unterstellt, sie seien reine Empirie und inhaltlich mehr oder weniger undifferenziert. Trotzdem gibt es jede Menge davon und wir alle benutzen sie fast täglich: „Einleitung – Hauptteil – Schluss" wäre ein einfaches induktives Schema. Die „plan-do-check-akt-Formel" aus der Arbeitsplanung ist differenzierter. Das „Brainstorming". „Drama-Dreieck" oder "Werte-Quadrat". etc. (Siehe auch S. 14)

Induktive Modelle sind Regeln und Methoden, die in Sozial- und Geisteswissenschaften, in der Ökonomie Zusammenhänge erklären und die im Alltag funktionieren, aber man weiß nicht, warum.

4. Apriori – eine induktive Methode

Apriori-Methode ist eine Methode, mit der Prozesse sich unter Einbeziehung des Subjekts entfalten. Mit ihr wird der Prozess anhand eines Fragerasters befragt. Der Prozess kann natürlich nicht selbst antworten. Es antworten Subjekte, allerdings nicht aus subjektiver Perspektive, sondern aus Sicht des Geschehens.

Ähnlich wie bei einem Kreuzwort-Rätsel wird die „Richtigkeit" der Antworten durch zwei weitere Koordinaten abgesichert. Die Antworten auf die Fragen müssen solange modifiziert und verfeinert werden, bis sie mit der formalen Logik des Systems übereinstimmen. Das führt dazu, dass sich die inhaltlichen Aspekte eines Themas logisch aufeinander beziehen und eine Einheit bilden. Jetzt ist es nicht mehr allein das Subjekt, sondern das Gesamtgeschehen, das bestimmt, welche Ideen, Konzepte und Ziele entstehen, wie gewertet und wie entschieden wird.

In dieser Dialektik kann einerseits ein Prozess sein eigenes Potential und seine volle Kapazität entfalten. Und andererseits entlastet die Apriori-Methode das unter Handlungsdruck stehende Individuum, weil sie Lösungsprozesse von vornherein – Apriori – strukturiert.

Insofern vermittelt die Apriori-Methode zwischen induktiver, aber rein subjektiv-willkürlicher Hypothesenbildung und dem deduktivistischen Wissenschaftsanspruch. Poppers „Induktionsproblem" „löst" sich dahingehend, dass die Methode zwar nicht für sich beansprucht, grundsätzlich richtige Hypothesen zu formulieren, aber sie liefert dem Individuum auf der Grundlage einer Methode einen Handlungsplan, eine Anleitung, eine Leitlinie, ein Schema, um Prozesse zu analysieren und in sich stimmige Lösungen zu konstruieren.

Die Apriori-Methode ist auf alle Lebensbereiche anwendbar. Problem „lösen" heißt:

- ✓ Das Schema konstruiert in sich stimmige Lösungen.
- ✓ Themen werden aufgefächert und der Prozess kann sich entfalten.
- ✓ Entwürfe und Fragestellungen werden logisch weiterentwickelt und zu Ende gedacht.
- ✓ Die kreative Bearbeitung wird nicht durch willkürlich subjektive Annahmen gestört.
- ✓ Die Dynamik eines Konflikts wird produktiv genutzt.
- ✓ Prozesse bleiben nicht in negativen Dauerschleifen hängen.
- ✓ Positive Optionen kommen zwangsläufig ins Spiel.

5. Das Apriori-Modell als induktives Grundlagen-Modell

Doch zunächst zum Apriori-Modell.

Das Apriori-Modell zeigt, was geschieht, wenn etwas verändert wird. K. Popper nannte Veränderungsprozesse „Problem lösen". Das Apriori-Modell ist die Darstellung ideal verlaufender Entwicklungsprozesse oder gelungener Problem-Lösungen.

Man könnte es als induktives Grundlagen-Modell bezeichnen, weil es zum einen auf *alle* Bewegungen, auf *jede* Entwicklung anwendbar ist, vorausgesetzt, es existiert ein Konflikt, ein Problem.[7]

Zweitens: Das Apriori-Modell spekuliert nicht über Zusammenhänge und geht nicht von willkürlich gesetzten Behauptungen aus. Das Modell leitet sich aus der Definition des Begriffs „Problemlösen" selbst ab:

> Problemlösen = die *Veränderung* – eines *Ist-Zustands* – in einen *Soll-Zustand* – durch ein *denkendes* – und *handelndes* Subjekt.

Aus dieser gängigen Definition und der Verknüpfung dieser fünf (!) Komponenten ergibt sich **deduktiv begründet** ein **induktives** Modell.

---

[7] „Meine These ist, dass jede wissenschaftliche Entwicklung nur so zu verstehen ist, dass ihr Ausgangspunkt ein *Problem* ist, oder eine Problemsituation ... [sein muss].
K. Popper: „Alles Leben ist Problemlösen", München 1996, S. 19

II. Apriori-Modell

„Alles Leben ist Problemlösen"

(K. Popper)

Die Ausgangslage

Dinge verändern oder Probleme lösen kann als die Fähigkeit definiert werden

I. einen Ist-Zustand sinnlich *(phänomenal)* wahrzunehmen und gedanklich *(mental)* zu erfassen,

II. ihn sowohl *(phänomenal)* durch Versuchshandlungen als auch *(mental)* durch Konzepte und Strategien zu verändern

III. um einen neuen *(phänomenalen)* Ist-Zustand, eine Lösung zu erreichen, die einem *(mental)* vorgestellten Soll-Zustand, einer Ideal-Lösung möglichst nahekommt.

Diese Definition basiert auf zwei sinnfälligen Komponenten:

✓ *Annahme A*:
Probleme werden vermittelst sinnlicher Wahrnehmung (phänomenal) und rationaler Erkenntnis (mental) gelöst.

✓ *Annahme B*:
Entwicklung lässt sich als Veränderungsprozess von einem Ist- in einen Soll-Zustand oder als Dreierschritt: Problem – Lösungsweg – Lösung beschreiben.

Annahme A

1. Die ACCESS - Kennung

1. Bei dem Erkennen der Wirklichkeit und bei der Lösung komplexer Prozesse verfügen wir grundsätzlich über 4 Wege der Erkenntnis: Das Denken, das Fühlen, die Sinne und die Intuition. (nach C.G. Jung)

Empirische Erkenntnis basiert sowohl auf der Beobachtung der Realität als auch auf der Fähigkeit, die Beobachtung mental zu verarbeiten - hier als *phänomenal* und *mental* definiert. Bei Problemlösungen benutzen wir diese beide Zugänge – im Folgenden **Access** genannt – um Realität zu analysieren und neu zu strukturieren.

Access 1 ist das, was sich den Sinnen erschließt, das Beobachtbare, das Offensichtliche, das Konkret-Praktische = das Phänomenale	Access 2 ist das, was sich dem Denken erschließt, das theoretisch zu Erfassende, das noch Verborgene = das Mentale

Annahme B

2. Die Abschnitte

Veränderungsprozesse werden durch die Triade

Problem	Lösungsweg	Lösung

ausgedrückt.

3. Die sechs Phasen einer Problem-Lösung:

Kombiniert man die erste Annahme der empirischen Erkenntnis (Access-Kennung) mit der Annahme des Modells der drei Lösungsabschnitte, so ergeben sich 6 Phasen einer Problem-Lösung, die mit folgenden Oberbegriffen ausgedrückt werden:

I Problem		II Lösungsweg		III Lösung	
phänomenal	mental	phänomenal	mental	phänomenal	mental
Konflikt Ereignis Symptom	Problem-definition	Reaktion Lösungs-versuch	Konzept Strategie	Ergebnis Lösung	Optimum Ideal

3.1. Die sechs Phasen – Erläuterung

Wie gesagt geht das Apriori-Modell davon aus, dass Probleme sowohl phänomenal als auch mental bearbeitet werden.

Problem (**phänomenal**)
Ein Problem, ein Konflikt, ein Symptom, eine Schwierigkeit, die auftaucht, ein Impuls, der uns trifft, ein **Ereignis** nehmen wir zunächst mit den Sinnen wahr. Es ist eine **Erfahrung**, die wir beschreiben können. Wir sprechen von einem Konflikt; einer (Problem-) Erfahrung; einem Ereignis.

Problem (**mental**)
Wenn wir das Problem gedanklich erfassen, wenn wir auswerten und interpretieren, die Ursachen zu ergründen suchen, sprechen wir von einer Diagnose oder der **Problem-Definition.**

Lösungsweg (phänomenal)

Die spontane **Reaktion**, das Ausprobieren, der sinnlich wahrnehmbare Entwurf ist ein **Lösungsversuch** auf der phänomenalen Ebene.

Lösungsweg (mental)

Zu Beginn des Lösungsverfahrens ist der Lösungsweg noch verborgen. Er muss gedanklich herausgearbeitet werden. Auf der mentalen Ebene ist der Lösungsweg ein **Konzept**, eine **Strategie**.

Lösung (phänomenal)

Die offensichtlich phänomenale Lösung, die in einer konkreten Aktion oder in einem Produkt, in einem Beschluss oder einer Regel bestehen kann, nennen wir die **Lösung** oder das **Ergebnis**.

Lösung (mental)

Auf der mentalen Ebene ist die Lösung eine Ideallösung, an die die konkrete Lösung mehr oder weniger nahe herankommt, also das **Optimum, ein Ideal, eine Vision**.

3.2. Die Leitfragen

Die einzelnen Phasen können mit der jeweiligen **Leitfrage** erfragt werden – hier zunächst in vorläufig linearer Reihenfolge:

Problem (**phänomenal**)	Worin besteht der Konflikt? Welche Erfahrung wird gemacht? Wie äußert sich das Symptom?
Problem (**mental**)	Wie lässt sich das Problem definieren? Wie lautet die Diagnose?
Lösungsweg (**phänomenal**)	Wie wird reagiert? Was ist der (spontane) Lösungsversuch? Oder: Wie sahen Lösungsstrategien bisher aus?
Lösungsweg (**mental**)	Mit welchen Strategien und Konzepten soll das Problem gelöst werden?
Lösung (**phänomenal**)	Was ist die Lösung / das Ergebnis?
Lösung (**mental**)	Was ist/wäre die optimale Lösung, das Ideal, die Vision?

4. Die vernetzte Anordnung der Lösungsphasen

4.1. Die empirische Herleitung des Verlaufsschemas

Im Folgenden geht es um die Frage, wie sich Probleme entfalten und wie sie gelöst werden?

Bisher ging das Modell von einem linearen Schema aus:

Problem	Lösungsweg	Lösung

Daraus ergab sich erweiterte differenzierte Fassung der 6 Lösungsphasen:

Problem		Lösungsweg		Lösung	
phänomenal	mental	phänomenal	mental	phänomenal	mental
1	2	3	4	5	6
Konflikt Ereignis Symptom	Problem-definition	Reaktion L-Versuch	Konzept Strategie	Ergebnis Lösung	Optimum Ideal

Lösungsprozesse lassen sich so zwar formal unterteilen, die Frage ist aber, ob sich komplexe Zusammenhänge tatsächlich in dieser Reihenfolge entwickeln, bzw. ob sie sich so lösen lassen.

Was aber geschieht genau in dem Moment, in dem ein Konflikt passiert? Nachdem uns ein Ereignis widerfahren ist? Wenn ein Symptom auftaucht? Wenn wir „etwas erfahren" haben oder etwas erfahren mussten?

Beispiel: Was geschieht, wenn der Fußboden sich plötzlich hebt (Ereignis)?
Antwort: wir verlagern sofort das Gewicht, um nicht umzufallen (Reaktion)

*Und dann stellen wir fest (Definition), dass das Schiff schaukelt
und die Dünung zugenommen hat...*

Probleme werden also nicht beobachtet oder erfahren und im
nächsten Schritt mental definiert – wie es der linearen Abfolge
entsprechen würde, sondern dem Ereignis / dem Erfahren /
dem Konflikt folgt sofort ein spontaner phänomenaler Lösungsversuch.[8]

Derselben: würde eine Problemlösung nach dem linearen
Schema Problem – Lösungsweg – Lösung bearbeitet werden,
würde das bedeuten, dass Probleme weiterhin durch Versuche
gelöst werden, obwohl sie bereits diagnostiziert bzw. definiert
wurden. Oder dass einem die optimale Lösung einfällt, nachdem eine Lösung gefunden wurde – was sicher häufig vor-
kommt, aber kein Zeichen erfolgreicher Problembewältigung
ist.

Problem lösen verläuft anscheinend nicht linear, sondern in einer zirkulären oder vernetzten Struktur. Also in der Reihenfolge: Ereignis/Erfahrung → Reaktion / Lösungsversuch →
Problem-Definition → Optimum → Konzept → Lösung.

---

[8] Karl R. Popper: „Alles Leben ist Problemlösen", München 1996, S. 16.
In seinen Überlegungen zum Lernen durch Versuch und Irrtum geht K. Popper
von einem ähnlichen dreistufigen Schema aus, deren Stufen er „Problem –
    Lösungsversuche (oder auch „Probierbewegungen") – Elimination (von
    Irrtümern)" nennt.

4.2. Das vernetzte Verlaufsschema – grafische Darstellung

Die graphische Abbildung das Lösungsmodells ist so aufgebaut,

- dass **horizontal** die Abschnitte: Problem – Lösungsweg – Lösung
- und ihr jeweiliger phänomenaler bzw. mentaler Aspekt
- mit der **vertikal** angeordneten vernetzten Abfolge der Leitfragen kombiniert werden.

Daraus ergibt sich folgendes Bild:

		Problem		Lösungsweg		Lösung	
		phänom enal	mental	phäno- menal	mental	phäno- menal	mental
1	Ereignis/P- Erfahrung / Konflikt						
2	Reaktion / L- Versuch						
3	Problem- Definition						
4	Optimum Ideal						
5	Konzept Strategie						
6	Lösung Ergebnis						

In der Grafik „springen" die Positionen in den Spalten der Lösungsabschnitte hin und her.

Problem	Lösungsweg	Lösung

Das bildet das ab, was uns Problem-Lösungen in der Realität oft so willkürlich und unsystematisch, sprunghaft und unzusammenhängend erscheinen lässt.

Oft haben wir den Eindruck, dass **alle Fenster zugleich aufgehen**. Im Bruchteil einer Sekunde wird beobachtet; werden Alternativen entwickelt; versucht man, das Eigentliche zu erfassen; spielt man durch, was wäre, wenn ... Der Prozess wechselt vom Problem zum Lösungsweg und wieder zurück, dann zur Lösung usw. Das fühlt sich chaotisch an, folgt aber dem nicht-linearen oder vernetzten Schema von Lösungsprozessen, das hier im Apriori-Modell abgebildet wird.

4.3. Das vernetzte Verlaufsschema – tabellarische Darstellung

Als nächstes werden die Lösungsabschnitte und die Access-Kennung den sechs Lösungsschritten und den Leitfragen vertikal zugeordnet, so dass sich insgesamt folgende Tabelle ergibt:

	Lösungsschritt	Lösungsabschnitt / Access	Leitfrage
1	Konflikt / Problem-Erfahrung / Ereignis	Problem (phänomenal)	Wie erscheint das Problem? Wo und wie taucht es auf? Wie lässt es sich **beschreiben**? Was geschieht? Welche Erfahrung wird gemacht?
2	Reaktion / Lösungsversuch	Lösungsweg (phänomenal)	Wie wird reagiert? Was ist der bisherige, (evtl. veraltete) spontane Lösungsversuch?
3	Problem-Definition	Problem (mental)	Wie lässt sich das Problem definieren? Wie lautet die Diagnose?
4	Optimum / Ideal / Vision	Lösung (mental)	Was ist / wäre die optimale Lösung, das Ideal, die Vision?
5	Konzept / Strategie	Lösungsweg (mental)	Mit welchen Strategien und Konzepten soll das Optimum umgesetzt werden?
6	Lösung / Ergebnis	Lösung (phänomenal)	Was ist die Lösung?

5. Die Prozessdynamik

Durch die spezifische Interdependenz und Interaktion der einzelnen Lösungsschritte erhält der Lösungsprozess sein Spannungsfeld. Das ist das dynamisierende Element, das den Prozess voranbringt und lebendig macht. Wie funktioniert das?

Erfahrung + Versuch = Problemdefinition

Voraussetzung für bewusstes Problemlösen ist, dass wir uns Klarheit verschaffen über ein Geschehen, es erfassen, es definieren wollen. Die „Problemdefinition", die Diagnose, die mentale Benennung ist das, was uns bei der Bearbeitung des Problems zunächst am meisten interessiert.

Wenn man die Problemdefinition richtig erfasst, ist der Weg für die Veränderung frei. Alles Weitere ist nur noch Ableitung.

Beispiel: Man setzt sich in ein Fahrzeug, will losfahren und das Fahrzeug springt nicht an. (Ereignis/Erfahrung)

Was ist die spontane Reaktion der meisten Autofahrer? Man versucht es noch einmal. Und dann noch einmal und noch einmal ... Was macht das für einen Sinn? Zum einen ist da die dumpfe Hoffnung, dass der Wagen aus irgendeinem Grund vielleicht doch noch anspringen könnte. Popper nannte das „Probierbewegungen".

Auf der mentalen Ebene ist der Grund der, dass sich allein aus dem Problem-Erfahren mehrere Problem-Definitionen / Diagnosen stellen lassen. Es kann die Batterie, die Benzinzufuhr, der Anlasser, die Zündung etc. sein. Um die „richtige" zu finden, braucht es den spontanen Versuch und dessen Auswertung. Beim erneuten Versuch stellt man fest, dass es nur „Klick" macht, was heißt, dass die Stromzufuhr zu gering ist.

Oder der Anlasser arbeitet, der Funke springt aber nicht über, was beispielsweise auf die Zündung oder die Benzinzufuhr schließen lässt.

Das Beispiel zeigt ein Verhaltensmuster, das so banal und selbstverständlich ist, dass wir es kaum bemerken, das bei genauerem Hinsehen aber durchaus bemerkenswert ist:

1. Nach dem Auftauchen eines Problems auf der phänomenalen Ebene wissen wir oft nicht wirklich, worin das Problem besteht.
2. Wir **reagieren!** – oft ganz automatisch. **Bevor wir denken (!).** Irgendetwas wird versucht, irgendetwas wird ausprobiert.
3. Damit schaffen wir zusätzlich zu dem phänomenalen Problem eine weitere **phänomenale Tatsache**.
4. Die Chance, das Problem mental zu erfassen, steigt, wenn wir die Definition bzw. die Interpretation **auf beide(!) Indikatoren** aufbauen.

Wenn das „spontane Handeln" im Lösungsprozess als zweite Koordinate registriert wird, basiert die Problemdefinition auf zwei „harten Fakten", auf zwei phänomenalen, sinnlich erfahrbaren Faktoren, die nur ein begrenztes Spektrum an Interpretation zu lassen.

Die so aufgestellte Diagnose bzw. Problem-Definition ist das, was Kant als „Synthesis" bezeichnet, als die „Verknüpfung der Wahrnehmungen (plural!) zu einer (!) Erkenntnis".

		Problem		Lösungsweg		Lösung	
		phänomenal	mental	phänomenal	mental	phänomenal	mental
1	Ereignis/P- Erfahrung / Konflikt						
2	Reaktion / L- Versuch						
3	Problem- Definition		Synthesis				
4	Optimum Ideal						
5	Konzept Strategie						
6	Lösung Ergebnis						

Literarisches Beispiel: Homo Faber.

Heute, wo ich alles weiß, ist es für mich unglaublich, dass ich nicht schon damals, nach dem Gespräch an der Via Appia, alles wusste. Was ich gedacht habe in diesen zehn Minuten, bis das Mädchen zurückkam, weiß ich nicht. Eine Art von Bilanz, das schon. Ich weiß nur: Am liebsten wäre ich auf den Flugplatz gegangen. Kann sein, dass ich überhaupt nichts dachte. Eine Überraschung war es ja nicht, bloß eine Gewissheit. … Sabeth: die Tochter von Hanna! Was mir dazu einfiel: eine Heirat kam wohl nicht in Frage. Dabei dachte ich nicht einen Augenblick daran, dass Sabeth sogar mein eigenes Kind sein könnte.[9]

---

[9] Max Frisch: Homo Faber, Frankfurt 1977, S. 118

Es geht um den Konflikt Walter Fabers, der erkennt, dass seine Geliebte möglicherweise seine eigene Tochter ist. Er behauptet, dass er *„nicht einen Augenblick daran [gedacht habe,] dass Sabeth sogar ... [sein] eigenes Kind sein könnte."* Dass diese Behauptung nicht stimmt, zeigt seine spontane Reaktion. *„Am liebsten wäre ich auf den Flugplatz gegangen."* Ein Satz, den man vielleicht überlesen würde, würde die Frage nach der spontanen Reaktion ihn nicht explizit in den Fokus rücken. Er will fliehen. Warum? Weil er ahnt, dass er sich mitten in einem Inzest-Drama befindet. (Problemdefinition)

Hätte der Protagonist selbst seine eigene spontane Reaktion bemerkt und seine Ahnung ernst genommen, hätte ihn das der Wahrheit ein Stück nähergebracht. Sein Drama ist, dass er, weil er Gefühl und Intuition als Erkenntnisinstrument ablehnt, den Konflikt nicht definiert und ihm genau deswegen ausgeliefert ist.

Optimum

Im weiteren Verlauf der Problemlösung wird, nachdem das Problem erkannt wurde, mit dem „konstruktiven Umkehrschluss" eine Alternative konstruiert: Komplementär zum definierten Problem wird der positive Gegensatz durchgespielt.

Hier findet zwangsläufig ein Umdenken statt. Der Zenit wird überschritten: von der reinen Analyse zur Strukturierung, vom kritischen zum konstruktiven Ansatz, von der Problem-Zentriertheit zur Lösungsorientierung.

Der umgekehrte Weg wäre, vom Optimum im negativen Umkehrschluss das Problem mental zu definieren.

		Problem		Lösungsweg		Lösung	
		phänom enal	mental	phänomenal	mental	phänomenal	mental
1	Ereignis/P-Erfahrung / Konflikt	●					
2	Reaktion / L-Versuch			●			
3	Problem-Definition		●				
4	Optimum Ideal					●	
5	Konzept Strategie				●		
6	Lösung Ergebnis					●	

Konzept / Strategie

Konzepte und Strategien leiten sich mental aus dem Optimum ab. Oder in Form einer Frage ausgedrückt: Mit welchen Konzepten und Strategien kann das Optimum theoretisch umgesetzt werden?

Lösung

Die Lösung ist die phänomenale Umsetzung der Konzepte. Es ist die „Auflösung" des Konflikts bzw. die „Erlösung" des Individuums im Prozessgeschehen.

III. Die Apriori-Methode

„Dem Prozess ein Mandat geben."

1. Die Aktionen

Im Apriori-**Modell** wurde der ideale Verlauf einer Problemlösung oder Konfliktbewältigung dargestellt. In der Apriori-**Methode** wird dieser Idealverlauf nachgezeichnet und in ein Handlungsschema übertragen.

Im vorherigen Kapitel des Apriori Modells wurde die Prozessdynamik erklärt und die Beteiligung handelnder Subjekte implizit vorausgesetzt. Im Handlungsschema der Methode muss auf die in den Prozess involvierten Subjekte explizit eingegangen werden, weil sie den Lösungsprozess voranbringen und diese Aufgabe dann optimal erfüllen, wenn sie entsprechend der Prozessdynamik agieren.

Man könnte auch fragen: Welche Aktionen sind vonseiten eines Subjekts nötig, damit der Prozess in die nächste Phase weitergeht? Oder – auf das Frageraster bezogen – was muss von Seiten der Subjekte geschehen, damit die Leitfrage überhaupt beantwortet werden kann?

Synchron zu den einzelnen Lösungsschritten werden im Folgenden die gestaltenden Aktionen der Subjekte aufgeführt.

	Lösungsphase / Leitfrage	Aktion der sich einlassende der Subjekte
1	**Konflikt; Problem-Erfahrung; Ereignis;** *Worin besteht der Konflikt? Welche Erfahrung wird gemacht?*	einen Konflikt erleben / erleiden / empfinden / wahrnehmen; beobachten.
2	**Reaktion** *Was ist der (bisherige) spontane Lösungsversuch / das Symptom? Wie wird reagiert?*	spontan reagieren / handeln; etwas ausprobieren; sich einlassen.
3	**Problemdefinition** *Wie lässt sich das Problem definieren?*	das Problem definieren / erkennen / einsehen.
4	**Optimum** *Was ist / wäre die optimale Lösung, das Ideal, die Vision?*	das Optimum über die positive Antithese entwickeln.
5	**Konzept Strategie** *Mit welchen Strategien/ Konzepten soll das Optimum umgesetzt werden?*	Konzepte / Strategien zur Umsetzung des Optimums entwickeln / planen.
6	**Lösung** *Was ist die Lösung? Was ist das Ergebnis?*	das Konzept praktisch anwenden / umsetzen / verwirklichen; das Problem lösen.

2. Das Apriori-Schema

Kurzanleitung

!!! Wichtiger Hinweis!!!

Problemlösen befasst sich fast immer mit komplexen Situationen und mehreren Akteuren. **Welcher Handlungsstrang oder wessen Prozess untersucht wird, steuert sich über den zweiten Lösungsschritt „Reaktion / Lösungsversuch".** Die Auswahl, wessen spontane Reaktion ins Zentrum gerückt wird, entscheidet darüber, wie der Prozess sich aufspannt bzw. welches oder wessen Problem analysiert wird.

Beispiel: Der Ausbilder hält ein verbogenes Werkstück hoch. Frage: Wo liegt das Problem?

Antwort des Azubis: ...dass ich keine Ahnung habe.

Eigentlich wollte der Ausbilder darauf hinaus, dass das Werkstück sich infolge von Hitzeeinwirkung verbogen hat. Problem: Hitze wirkt auf Metallstück. Reaktion: Es verbiegt sich. Definition: Bestimmte Metalle sind für diesen Arbeitsprozess ungeeignet.

Wenn aber die spontane Reaktion des Azubis („Mein Problem ist, dass ich keine Ahnung habe!") aufgegriffen wird, geht es nicht mehr um „Werkstoffkunde", sondern um den Azubi und dessen Problem mit dem Unterricht.

Beachten Sie den Access-Check. S. 64 / 65

Das Apriori Schema – formaler Aufbau					
1	**Erleben wahrneh-men be-obachten** ⇨ Ereignis, Problem- Erfahrung, Konflikt	Alles beginnt mit einer be-obachtbaren phänomenalen Erfahrung, ei-nem Ereignis, einem Konflikt, einem Symp-tom, einem konkreten Ge-schehen.	2	***reagieren, spontan handeln, ausprobier en*** ⇨ Reaktion Lösungs-Versuch	Hier wird die konkrete phäno-menale spon-tane Reaktion auf das Ereig-nis, die Bobach-tung, die Erfah-rung eingetragen.

3	⇩ ***erkennen, einsehen, auswerten*** ⇩	
	Problem-Definition Diagnose	Beide Informationen werden zusammengefügt: Die Problemdefinition basiert sowohl auf der wahrnehm-baren Problem- Erfahrung (1) als auch auf den phäno-menalen Fakten des Lösungsversuchs (2).
4	***den positiven*** ⇦⇦ ***Gegensatz aufstellen***	
	Optimum Ideal Vision	Das Optimum wird aus der positiven Anti-These zur Problem-Definition konstruiert.
5	***das Optimum*** ⇩ ***planen***	
	Konzept Strategie	Konzepte und Strategien sind gedachte, mentale Um-setzungen des Optimums oder der Visionen.
6	***das Konzept*** ⇩ ***realisieren***	
	Lösung Ergebnis	Lösungen sind, konkret praktische, phänomenale Um-setzungen der (mentalen) Konzepte

Das Apriori Schema – die Leitfragen

1	Erleben wahrnehmen beobachten	Wie erscheint das Problem? Wo und wie taucht es auf? Wie lässt es sich beschreiben? Was geschieht? Welche Erfahrung wird gemacht?	2	reagieren, spontan handeln, ausprobieren	Wie ist die Reaktion? Worin besteht der spontane (evtl. veraltete) Versuch, das Problem zu lösen?
	Ereignis, Problem-Erfahrung, Konflikt			Reaktion Lösungs-Versuch	
3		⬇ erkennen, einsehen, auswerten ⬇			
	Problem-Definition Diagnose	Wie lässt sich das Problem definieren?			
4		den positiven ⮂ Gegensatz aufstellen			
	Optimum Ideal Vision	Was ist / wäre die optimale Lösung, das Ideal, die Vision?			
5		das Optimum ⬇ planen			
	Konzept Strategie	Mit welchen Strategien und Konzepten soll das Optimum umgesetzt werden?			
6		das Konzept ⬇ realisieren			
	Lösung Ergebnis	Was ist die Lösung?			

	Das Apriori Schema – blank				
1	Erleben *wahrneh-men be-obachten* → Ereignis, Problem-Erfahrung, Konflikt		**2**	*reagieren, spontan handeln, ausprobieren* → Reaktion Lösungs-Versuch	
3		⬇ erkennen, einsehen, auswerten ⬇			
	Problem-Definition Diagnose				
4		*den positiven* ⮂ *Gegensatz aufstellen*			
	Optimum Ideal Vision				
5		*das Optimum* ⬇ *planen*			
	Konzept Strategie				
6		*das Konzept* ⬇ *realisieren*			
	Lösung Ergebnis				

3. Die Kontroll- und Hilfsfunktionen

Die Apriori-Methode zwingt zu begrifflicher Präzision. Wenn diese eingehalten wird, sorgt das methodische Raster dafür, dass

- ✓ ein Thema sich in sich logisch aufspannt sich auffächert und in seiner Komplexität angesprochen wird,
- ✓ Entwürfe und Fragestellungen konsequent weiterentwickelt und zu Ende gedacht und gebracht werden,
- ✓ Prozesse nicht in negativen Dauer-Loops hängen bleiben,
- ✓ positive Optionen zwangsläufig ins Spiel kommen,
- ✓ die Dynamik des Konflikts produktiv genutzt wird,
- ✓ die kreative Bearbeitung nicht durch willkürliche Setzungen zerstört wird,
- ✓ der Prozess sich entfalten kann, **der Prozess ein Mandat bekommt.**

Das wird mit den Kontroll- und Hilfsfunktionen erreicht
Die Kontroll- und Hilfsfunktionen sind:

- • die Beantwortung der Leitfragen
- • die Access-Kennung **phänomenal** oder **mental**
- • der formale Aufbau
- • Die Lösungsabschnitte

Problem	Lösungsweg	Lösung

Diese vier Funktionen kontrollieren sich gegenseitig und lassen nur eine immanent „richtige" Lösung zu.

Das funktioniert im Prinzip wie ein Kreuzworträtsel. Beim Kreuzworträtsel werden die Begriffe a) durch die Beantwortung der Frage, b) durch die Anzahl der Buchstabenfelder und c) durch die Buchstabenkombinationen abgesichert. (Christliches Fest; sechs Buchstaben; zweiter Buchstabe ein „s" = Ostern)

Wie beim Kreuzworträtsel ist das Frageraster gleichzeitig auch Hilfsfunktion, weil der passende Begriff sich wie beim Kreuzworträtsel sowohl über den Inhalt als auch über die formalen Anforderungen erschließen lässt.

4. Die sechs Leitfragen

Mit den Leitfragen

- werden komplexe Zusammenhänge aufgefächert,

- werden fehlende Informationen eingefordert,

- werden einzelne Aspekte eines Themas voneinander abgegrenzt.

Ausgangspunkt für die Prozessbearbeitung kann die Leitfrage sein, die sich offensichtlich einfach und eindeutig beantworten lässt. Das Schema kann von der Beantwortung einer beliebigen Frage ausgehend vorwärts und rückwärts bearbeitet werden.

Beispiel: Registratur der Werkzeugkammer. Ausgangspunkt ist ein vorgegebenes Konzept (Lösungsschritt 5), das anschließend in konkreter Beschilderung und Erfassung umgesetzt wird (Lösungsschritt 6). Was soll erreicht werden? Dass Werkzeug nicht einfach verschwinden? Was ist das eigentliche Problem? Um die Aufgabe erfolgreich zu bewältigen, müssen Lösungsschritte 1 bis 4 rekonstruiert bzw. erarbeitet werden.

Ein Gespräch mit den Benutzern könnte ergeben, dass Werkzeuge verschwinden oder zeitweilig nicht auffindbar sind. (Lösungsschritt 1) Was ist die spontane Reaktion? (Lösungsschritt 2) Ein Gutteil der Arbeitszeit wird darauf verwendet, das passsende Werkzeug zu suchen. Oder: Man versucht sich irgendwie mit ungeeignetem Werkzeug zu behelfen und ruiniert Material und Gerätschaften. Oder: Werkzeuge werden gehortet, sie werden anderen vorenthalten, um sie für sich jederzeit zur Verfügung zu haben.

Das Problem (Lösungsschritt 3) ist also nicht so sehr das Abhandenkommen, sondern die mangelnde Verfügbarkeit der Gerätschaften und die daraus resultierende Verschwendung an Geld und Arbeitszeit.

Die Registratur der Werkzeugkammer sollte also die optimale Verfügbarkeit der Gerätschaften zum Ziel haben. (Lösungsschritt 4)

Im Konzept (Lösungsschritt 5) könnte es also nicht nur darum gehen, Werkzeuge zu registrieren und zu sichern, sondern auch darum, transparent zu machen, wo Spezialwerkzeuge gerade im Einsatz sind und ein einheitliches Ablagekonzept zu entwickeln, das jedem Mitarbeiter den Zugriff auf jedes Werkzeug erleichtert. (Lösungsschritt 6)

5.   Die Access-Kennung

Die Unterscheidung zwischen einerseits real greifbaren, konkreten, phänomenalen und andererseits gedachten, theoretisch entwickelten mentalen Inhalten ist die dritte Kontroll- und Hilfsfunktion: Der Access-Check.

In jedem Lösungsschritt muss die inhaltlich korrekte Antwort mit dem jeweiligen Erkenntnis-Zugang (phänomenal / mental) übereinstimmen.

phänomenal	mental
Der Vorgang / Zustand, die Beschreibung ist mit den Sinnen erfassbar.	Es ist ein gedankliches Erfassen, eine Interpretation.

In den grün markierten Lösungsschritten des Schemas (1+2+6) sind nur die Antworten zulässig, die „phänomenale" und in den gelb markierten Lösungsschritten (3+4+5) nur solche zulässig, die „mentale" Zustände bzw. Vorgänge beschreiben.

Beispiel: Die „Gewalt freie Kommunikation" von M. Rosenberg besteht auf der Unterscheidung zwischen „Beobachtung" und „Wertung", weil die vorschnelle Wertung Kommunikation verhindert. Auch hier die Differenzierung zwischen Beobachtung eines phänomenalen Geschehens und dessen mentaler Bearbeitung, sprich: Interpretation.

Weil man bei der Beschreibung eines Problems immer geneigt ist, in die Interpretation abzurutschen, gibt es zu Beginn eines jeden GfK-Trainings etliche Übungen, um den Unterschied zwischen *beobachten* und *werten* klar zu machen. Nach dem Apriori-Prinzip würde das dem Unterschied zwischen phänomenal und mental entsprechen.

Beispiel: Mary sagt zu George: „Blödmann!" = Beobachtung / phänomenal. Mary beleidigt George = Wertung / mental. Wenn zwischen Interpretation und Beobachtung nicht differenziert wird, werden etliche Aspekte von vorn herein ausgeschlossen, so z. B. die Möglichkeit, dass es sich zwischen Mary und George um eine freundschaftliche Neckerei und nicht um einen Konflikt handelt.

6. Der formale Aufbau

Mit dem Frageraster und dem formalen Aufbau, der anzeigt, wie die Fragen sich aufeinander beziehen (siehe S. 60) werden Prozesse **konstruiert**. Einzelne Prozessphasen lassen sich aber auch aus bereits bekannten Abläufen gezielt **rekonstruieren**.

Beispiel: _Schülerpräsentation zu Friedrich Schiller. Auf Schillers Ästhetik soll Bezug genommen werden. Die Schülerin stößt auf Schillers Freiheitsbegriff der zur Frage nach Optimum / Ideal / Vision (4. Lösungsschritt) ganz gut zu passen scheint. Davon ausgehend wäre „vorwärts" konstruiert (5. Lösungsschritt) ein Konzept/ eine Strategie. Sie stößt auf Schillers Bildungsbegriff und seine Auffassung von der Aufgabe des Theaters als „Veredlungsanstalt". Dieses Konzept realisiert sich in den Dramen (6. Lösungsschritt) und kann entsprechend veranschaulicht werden._

„Rückwärts" rekonstruiert die Schülerin aus dem Optimum / Ideal / Vision (4. Lösungsschritt) im negativen Rückschluss die die Problemdefinition (3. Lösungsschritt). Dem Freiheitsbegriff entspricht negativ-komplementär die Unfreiheit, die Knechtschaft, der Zwang. Die Schülerin befragt Schillers Biografie und stellt fest, dass Schiller das durchaus erlebt hat: beispielsweise in seiner „Zwangseinweisung" in die Kadettenanstalt und in der Unterdrückung seines geistigen Potentials (1. Lösungsschritt). Was ist seine Reaktion? Sein spontaner Lösungsversuch? (2. Lösungsschritt) Er schreibt „Die Räuber". Viel Genie. Viel Gefühl. Ein Befreiungsschlag, aber keine wirklich durchdachte Botschaft. Das kommt erst später. Ein Aufschrei. Heimlich geschrieben. Aus eigener Tasche veröffentlicht. Zur Uraufführung desertiert …

Die Lösungsphasen in numerischer Reihenfolge ergeben eine in sich schlüssige Präsentation zu Schiller und Schillers Ästhetik, die durch entsprechende Folien veranschaulicht werden, *beispielsweise im ersten Schritt: Jugendbild von Schiller contra Hausordnung der Kadettenanstalt etc.*

7. Die Lösungsabschnitte

Um die Lösungen zuverlässig konstruieren zu können, sind die Abschnitte

Problem	Lösungsweg	Lösung

nützlich, um sich im Lösungsprozess zu orientieren.

Beispiel: Philosophie
*Philosophische Theorien sind meist Konzepte, also **Lösungswege**, die das Leben harmonisieren sollen. Eine Philosophie – zumal, wenn die historischen Wurzeln weit zurückreichen – wird leichter verstanden, wenn das, was das Aufstellen dieser Philosophie nötig machte, also das **Problem** rekonstruiert und die konkrete Umsetzung, also die **Lösung,** deutlich wird.*

Beispiel: Produkt-Präsentation
*Ein guter Stuhl kann ein **Lösungsweg** sein, wenn das **Problem** beispielsweise Rückenschmerzen aufgrund von sitzender Tätigkeit sind und der Stuhl als Mittel zum Zweck eingesetzt wird. Die **Lösung** wäre, dass die Schmerzen verschwinden.*

*Geht es aber darum, den Stuhl selber vorzustellen, also darum, wie bestimmte Probleme des Designs gelöst wurden, ist der gelungene Stuhl, so wie er dasteht, die **Lösung**. Das **Problem** könnte eine Design-Anforderung sein, für die es einen Stuhl zu konstruieren gilt. Planung und Konstruktion wären dann der **Lösungsweg**.*

IV. Erläuterung zu den Lösungsschritten

1. Lösungsschritt Phänomenal	
Aktion	beobachten; erfahren; anschauen; etwas bemerken, empfinden ~
Prozessphase	Problem-Erfahrung; Konflikt; Ereignis;
Leitfrage	*Worin besteht der Konflikt?* Wie erscheint das Problem? Wo und wie taucht es auf? Wie lässt es sich **beschreiben**? Was geschieht? Welche Erfahrung wird gemacht? Was ist das Symptom? *

Anmerkung:
*Ein Symptom kann sowohl als Teil des Konflikts als auch als spontaner Lösungsversuch gesehen werden. Als Teil des Konflikts steht das ausgebildete Symptom im Gegensatz zur gesunden Funktion.

Beispiel: phänomenaler Konflikt: nicht wandern können, weil der Fuß geschwollen ist.
Ist dagegen der geschwollene Fuß eine körperliche Reaktion auf einen dahinter liegenden Konflikt, beispielsweise eine psychosomatische Reaktion, dann ist das Symptom dem 2. Lösungsschritt zuzuordnen.

2. Lösungsschritt phänomenal	
Aktion	spontan handeln; zum Problem Kontakt aufnehmen; etwas versuchen; sich / etwas **ausprobieren**; experimentieren; sich einlassen; ein Risiko eingehen
Prozessphase	Reaktion; spontaner Lösungsversuch
Leitfrage	Wie wird reagiert? Was wurde bisher gemacht? *Was ist der* spontane Lösungsversuch / das Symptom? Welche Gefühle zeigen sich? Wie werden sie sichtbar? Gab es früher Versuche, das Problem zu lösen?

Anmerkung:
Zu den „spontanen Reaktionen" zählen auch **Gefühle und die Intuition** – sofern sie sich phänomenal wahrnehmbar äußern (plötzlich nervös und zappelig werden, vor Scham rot, vor Schrecken bleich werden …) …

… und **veraltete Lösungswege**
- bei historischen Prozessen
- in der Arbeitsorganisation
- in Biografien.

3. Lösungsschritt mental	
Aktion	auswerten; erkennen; einsehen; überprüfen; das erste Resümee / die erste Zwischenbilanz ziehen; einlenken; loslassen; in sich gehen
Prozessphase	Problemdefinition; Diagnose; Bewertung
Leitfrage	Wie lässt sich das Problem definieren? Wie lautet die Diagnose? Was ist der Ist-Zustand? Welche Problem-Tiefe, Ursache, Rahmenbedingung, Verstrickung, Abhängigkeit? Welcher Problem-Hintergrund / Konflikt ist erkennbar? Wie lautet die Aufgabenstellung? Was steht im „Pflichtenheft"?

Anmerkung:
Die beiden ersten phänomenalen Lösungsschritte sind Indikatoren, die die Problemdefinition absichern.
1. Ein Ereignis, eine Erfahrung, ein Impuls, der von außen kommt und den Konflikt auslöst.
2. Auf diesen Konflikt erfolgt eine spontane Reaktion, die oft vorbewusst geschieht.

Beide Impulse – auch die „Reaktion" – sind phänomenal. Sie „geschehen". Die Reaktion ist zwar bewusst, geschieht aber spontan und ist insofern keine subjektiv willentliche Beeinflussung oder persönliche Manipulation.

Beispiel: Wenn der Boden sich erhebt und sich schräg stellt, sagt kein Mensch: „Oh, ein Erdbeben..." und fällt um. Der erste Reflex ist die Gewichtsverlagerung und erst dann wird das Phänomen mental reflektiert.

4. Lösungsschritt: mental	
Aktion	Die positive Anti-These formulieren; mögliche positive Gegensätze aufstellen; Alternativen entwickeln; träumen; phantasievoll sein;
Prozessphase	Optimum; Ideal; Vision
Leitfrage:	Was ist / wäre die optimale Lösung, das Ideal, die Vision? Welche Idealvorstellungen, Zielsetzungen, Visionen wurden aus der Problem-Definition entwickelt? Was sagt das objektive Situationsbewusstsein? Welches Versprechen wird gegeben? Welche Werte werden angesprochen? Welches Bekenntnis wird abgelegt?

Anmerkung:

Konstruktion: In einer Problemlösung nach der Apriori-Methode fällt die Vorstellung eines Optimums: eine Vision, ein Ziel, ein Motto, eine Leitlinie „nicht vom Himmel", sondern sie wird aus der positiven Anti-These zur Problem-Definition konstruiert. Indem das Optimum als positive Anti-These zur Problemdefinition gedacht wird, ist es keine subjektive Setzung, sondern eine Ableitung, die sich **deduktiv** aus der Problem-Definition oder der Diagnose ergibt.

Rekonstruktion: Aber auch der umgekehrte Weg geht: Aus einem vorgestellten Optimum, (Frage: was wäre die optimale Lösung?) lässt sich mit der negativen Anti-These die Problemdefinition erschließen. Ideallösung und Problemdefinition bilden sich komplementär ab. Das Ideal ist die Antithese zur Problem-Definition und umgekehrt. Eins lässt sich aus dem anderen deduktiv ableiten.

Das Alleinstellungsmerkmal der Apriori-Methode gegenüber anderen Lösungsverfahren ist,

- dass im Apriori-Modell eine Idealvorstellung, die Vorstellung eines Optimums **obligatorisch** ist.
- Und: dass das Optimum (das Ideal, das Ziel, die Vision) **methodisch** hergeleitet wird.

5. Lösungsschritt: mental	
Aktion	konkretisieren; planen; die Visionen, Zielvorstellungen und Ideale ernst nehmen; theoretisch umsetzen;
Prozessphase	Konzept; Strategie
Leitfrage:	Mit welchen Strategien / Konzepten soll das Optimum umgesetzt werden? Welche (Produktions-) Mittel, welche Organe, welche Instrumente helfen bei der Umsetzung des Optimums? Welche Regeln werden aufgestellt?

Anmerkung:
Ein weiteres Alleinstellungsmerkmal der Apriori-Methode ist, dass sich Konzepte aus dem vorgestellten **Optimum** und eben **nicht** – wie so häufig anzutreffen – aus der unmittelbaren Betroffenheit oder aus der konstatierten Problemlage, der Problemdefinition ergeben. Nach der Apriori-Methode werden Probleme also nicht defizitär, sondern konstruktiv, ausgehend von Idealen, Werten, Visionen, positiven Zielbestimmungen gelöst.

In der **nicht** methodischen Problembearbeitung werden Lösungskonzepte oft unmittelbar aus dem äußeren Konflikt, aus der phänomenalen Problematik abgeleitet. Dem faulen Schüler wird ein „sei fleißig!" geraten, dem Depressiven wird ein „nur Mut!" zugerufen. Das Mobbing-Opfer soll sich wehren, der Täter soll das lassen... Das Problem, wie es oberflächlich erscheint, wird oft einfach nur umgekehrt und die Umkehrung als die Lösung postuliert. Im Bruchteil einer Sekunde, formt sich die Vorstellung einer Lösung. Das ist wie ein „Schnapp-Reflex": Problem?... – Lösung... – fertig!!

		Problem		Lösungsweg		Lösung	
		phänomenal	mental	phänomenal	mental	phänomenal	mental
1	Ereignis/P-Erfahrung / Konflikt						
2	Reaktion / L- Versuch						
3	Problem-Definition						
4	Optimum Ideal						
5	Konzept Strategie						
6	Lösung Ergebnis						

Ergebnis-orientierte, nicht-methodische Problembearbeitung

Prozess-orientierte methodische Problembearbeitung

In der methodischen Problembearbeitung geht die Apriori-Methode von der Problemdefinition zum Optimum. Aus dem Optimum werden dann Konzepte und Lösungsstrategien entwickelt.

6. Lösungsschritt: phänomenal	
Aktion	realisieren; in der Wirklichkeit umsetzen
Prozessphase	Lösung; Ergebnis
Leitfrage	Was ist das Ergebnis? Wie sieht die phänomenale, konkret fassbare Lösung, das Produkt aus?

Hier geschieht der Transfer von Geist in Materie, von Gedachtem in konkret Fassbares, von Konzepten in Lösungen in Form von Materie (Produkte) oder in Form von fixierten Regeln, Vorschriften, Handlungsanweisungen oder Prinzipien. Auf jeden Fall handelt es sich bei der Lösung um phänomenal Fassbares.

Das Ergebnis ist oft nicht das, was in der Vision, der Idealvorstellung, als Optimum formuliert wurde, aber das Optimum hat als Leitidee fungiert und den Lösungsprozess strukturiert.

IV. Motivation und Motivieren

„Life is what happens to you while you're busy with making other plans." (John Lennon)

1 Das Apriori Motivations-Modell

1.1. Motivation

Motivation wird als Interaktion von Mitarbeitern / Protagonisten / Zuhörern / Klienten / Gestaltern / Lernenden / Konstrukteuren / Rezipienten mit einem Entwicklungs-, Arbeits- oder Lösungsprozess definiert.

Nach dem Apriori-Modell entwickeln Prozesse sich im dialektischen Zusammenspiel von **Prozess** und **Subjekt**. Darum mussten schon im Apriori-Modell die Aktionen des Subjekts, die den Prozess voranbringen, synchron zu den Prozessphasen eingeführt werden (S.56 f). Mit dem idealen Prozessverlauf kam zwangsläufig die Motivation des Subjekts ins Spiel.

Die Aktionen des Subjekts wurden im *Infinitiv* ausgedrückt: erleben / reagieren / erkennen / etc. Es ging um das Subjekt, das ein Problem *aktiv* löst und im Prozess verankert ist. Genauso gut könnten die Aktionen des Subjekts im sprachlichen Ausdruck auch als *Imperativ*-Form aufgefasst werden: erleben(!), reagieren(!), erkennen(!) etc.) um ihre Bedeutung als elementaren Bestandteil der Prozessentwicklung hervorzuheben.

Das Subjekt ist einerseits aufgefordert, sich aktiv mit dem Prozess auseinanderzusetzen, heißt: die Dynamik eines Geschehens zu erfassen und differenziert und flexibel darauf einzugehen. Andererseits muss das Subjekt auch passiv bereit sein, sich vom Prozess verändern zu lassen. Diese Bereitschaft zur Interaktion, zur aktiven und passiven Veränderung ist das, was mit dem Begriff *Motivation* gemeint ist.

Beim Apriori-Modell ging um die Frage, wie Prozesse sich entfalten. Beim Motivations-Modell geht es um die Frage, welche unterschiedlichen Haltungen das Individuum einnimmt, das in den Prozess involviert ist. Jetzt geht es nicht mehr allein um den Imperativ, dass das oder jenes geschehen sollte, sondern weiterführend um die Frage, wenn das oder jenes geschieht, in welcher optimalen Haltung es geschehen sollte. Diese Handlungsmaximen, im Folgenden Motivationsprinzipien genannt, drücken die ideale Haltung des Individuums in einer jeweiligen Prozessphase aus.

Den einzelnen Motivationsphasen lassen sich folgende Motivationsprinzipien zuordnen:

Die Aktion …	…sollte geschehen …	… in einer Haltung von …
einen Konflikt erleben / erleiden / empfinden / wahrnehmen; beobachten.	☺	Aufmerksamkeit;
spontan reagieren / handeln; etwas ausprobieren; sich einlassen.	⇨	Spontaneität; Betroffenheit
das Problem definieren / erkennen / einsehen.	☺	Verstehen
das Optimum über die positive Antithese entwickeln.	⇨	Authentizität; Verbindlichkeit;
Konzepte / Strategien zur Umsetzung des Optimums entwickeln / planen.	☺	Interesse; Enthusiasmus; Kreativität
das Konzept praktisch anwenden / umsetzen / verwirklichen; das Problem lösen.	⇨	Engagement; Arbeitseifer; Fleiß

Tabelle: Motivation

	Prozess	Motivation
1	**Konflikt;** **Problem-Erfahrung;** **Ereignis;** *Worin besteht der Konflikt? Welche Erfahrung wird gemacht?*	einen Konflikt erleben / erleiden / empfinden / wahrnehmen; beobachten. *nach dem Prinzip:* **Aufmerksamkeit;**
2	**Reaktion** *Was ist der (bisherige) spontane Lösungsversuch / das Symptom? Wie wird reagiert?*	spontan reagieren / handeln; etwas ausprobieren; sich einlassen. *nach dem Prinzip:* **Spontaneität;** **Betroffenheit**
3	**Problemdefinition** *Wie lässt sich das Problem definieren?*	das Problem definieren / erkennen / einsehen. *nach dem Prinzip:* **Verstehen**
4	**Optimum** *Was ist / wäre die optimale Lösung, das Ideal, die Vision?*	das Optimum über die positive Antithese entwickeln. *nach dem Prinzip:* **Authentizität;** **Verbindlichkeit;**
5	**Konzept Strategie** *Mit welchen Strategien / Konzepten soll das Optimum umgesetzt werden?*	Konzepte / Strategien zur Umsetzung des Optimums entwickeln / planen. *nach dem Prinzip:* **Interesse; Kreativität;** **Enthusiasmus;**
6	**Lösung** *Was ist die Lösung? Was ist das Ergebnis?*	das Konzept praktisch umsetzen / verwirklichen; das Problem lösen. *nach dem Prinzip:* **Engagement; Fleiß** **Arbeitseifer;**

1.2. Demotivation

Untersuchungen des Entwicklungspsychologen Michael Tomasello zeigen, dass im Vergleich mit Schimpansen bei Kindern die Bereitschaft, Probleme zu lösen, sehr ausgeprägt ist. Er sagt, dass Kleinkinder das Bedürfnis haben, anderen zu helfen. Es befriedigt sie, wenn ein Problem / ein Konflikt – auch wenn sie selbst nicht betroffen sind – gelöst wird.

„Wir sollten nicht vergessen, dass auch Kinder egoistisch sind. Aber: Sie unterstützen andere Menschen recht vorbehaltlos. ... Wenn Kinder jemanden sehen, der Hilfe braucht, dann wollen sie, dass etwas passiert."[10]

Die Aussagen Tomasellos scheinen sowohl die Empathie Fähigkeit des Menschen zu belegen, als auch seine grundsätzliche Bereitschaft, Probleme zu lösen.

Man könnte auch sagen, dass im Prinzip jeder latent motiviert ist Probleme zu lösen. Es ist nur die Frage, welches? Und dass die völlige Abwesenheit einer Motivationsbereitschaft eher ungewöhnlich ist.

Das Apriori-Motivations-Modell begreift Motivation als einen Prozess, der sich in Phasen vollzieht. Folgerichtig wird sich also auch Demotivation immer nur auf bestimmte Phasen einer Prozessbearbeitung durch das Subjekt beziehen. Demotivation im Sinne einer misslungenen Prozessintegration heißt, dass eine bestimmte Qualität in einer bestimmten Prozessphase nicht erreicht wird, dass der nächste Schritt nicht gemacht werden kann und deswegen bestimmte Gestaltungs- und Integrationsbewegungen nicht ausgeführt werden können.

---

[10] Michael Tomasello: „Wir Menschen sind hilfsbereiter als andere Affen" in Süddeutsche Zeitung vom 02.12.2011, S. 18

Mit der tabellarischen Darstellung der Demotivationsphasen kann man ein spezifisches Verhalten besser einschätzen, weil man es bestimmten Entwicklungsstufen zuordnen und, wenn das gelingt, Entwicklungspotential aufzeigen kann.

Beispiel: Wenn Mitarbeiter (f/m) partout keine positiven Handlungsoptionen entwickeln können (5. Lösungsschritt), muss das nicht heißen, dass sie phantasielos oder destruktiv sind. Es kann sein, dass sie schon viel früher ausgestiegen sind, beispielsweise nicht verstanden haben, was das Problem überhaupt ist (3. Lösungsschritt) und warum positive Alternativen überhaupt notwendig sind.

Indem der positiven Prozessintegration das negative Pendant gegenübergestellt wird, entsteht neben der Tabelle der Motivationsphasen eine Tabelle der Demotivation.

Mit der Gegenüberstellung von Motivations- und Demotivationsphasen erhalten wir eine Art Interventionstabelle, mit der

- ein spezifisches Verhalten bestimmt werden kann,
- Entwicklungsstufen zugeordnet werden können,
- die verfehlte Prozessintegration rekonstruiert werden kann
- und positive Entwicklungsmöglichkeiten aufgezeigt werden können.

Tabelle: Motivation und Demotivation

	Prozess	Motivation	Demotivation
1	**Konflikt; Problem- Erfahrung Ereignis;**	einen Konflikt erleben / erleiden / empfinden / wahrnehmen; beobachten.	(etwas) nicht erleben / erleiden / empfinden / wahrnehmen / beobachten; unaufmerksam / unkonzentriert sein.
		nach dem Prinzip: **Aufmerksamkeit;**	*nach dem Prinzip:* **Unaufmerksamkeit;** falsche / ungenaue Wahrnehmung
2	**Reaktion**	spontan reagieren / handeln; etwas ausprobieren; sich einlassen.	sich nicht einlassen / reagieren; zögern; etwas vermeiden; ausweichen; wegsehen.
		nach dem Prinzip: **Spontaneität; Betroffenheit**	*nach dem Prinzip:* **Unsicherheit; Ängstlichkeit**
3	**Problem- definition**	das Problem definieren / erkennen / einsehen.	das Problem nicht definieren / erkennen / einsehen.
		nach dem Prinzip: **Verstehen**	*nach dem Prinzip:* **Ignoranz; mangelndes / fehlendes Problembewusstsein**
4	**Optimum**	das Optimum über die positive Antithese entwickeln.	Ziele / Ideale / Visionen nicht benennen / anstreben; sich nicht festlegen / positionieren.
		nach dem Prinzip: **Authentizität; Verbindlichkeit;**	*nach dem Prinzip:* **Ambivalenz; Zynismus**
5	**Konzept Strategie**	Konzepte / Strategien zur Umsetzung des Optimums entwickeln / planen.	Konzepte / Strategien zur Umsetzung des Optimums nicht/ mangelhaft entwickeln / planen.
		nach dem Prinzip: **Interesse; Enthusiasmus; Kreativität**	*nach dem Prinzip:* **Desinteresse; Phantasielosigkeit**
6	**Lösung**	das Konzept praktisch umsetzen / verwirklichen; das Problem lösen.	das Konzept nicht anwenden / umsetzen / verwirklichen; das Problem nicht lösen.
		nach dem Prinzip: **Engagement; Fleiß Arbeitseifer;**	*nach dem Prinzip:* **Lustlosigkeit; Resignation**

Demotivation kann sich grundsätzlich direkt oder indirekt äußern:

- direkt, indem die Motivationsanforderung desavouiert wird und, einem negativen Handlungsprinzip folgend, die Aktion für die aktuelle und die folgenden Prozessphasen verweigert wird (siehe Tabellenspalte „Demotivation") ...
- indirekt, indem sie sich dadurch legitimiert, dass ein Handlungsprinzip inhaltlich so sehr überhöht wird, dass ein Einstieg in die nächste Prozessphase unmöglich ist.

  Beispiele: *das Erleben eines Phänomens kann so dramatisch sein, dass die Aufforderung zur Handlung wie ein Sakrileg erscheint. / Das spontane Handeln kann in der Eigenwahrnehmung so großartig sein, dass keine weitere Prozessbearbeitung nötig scheint. Eine Scheinlösung hat sich manifestiert. / Ideale können so hoch gehängt werden, dass sie konzeptionell nicht mehr umsetzbar sind.* [11]

---

[11] Siehe auch: W. Schmidbauer: „Alles oder nichts. Über die Destruktivität von Idealen", München 1980

1.3. Zusammenfassung

Das Apriori-Motivations-Modell geht davon aus,

- dass der Akteur (m/f) im dialektischen Vorgang des Problemlösens aktiv Einfluss auf ein äußeres Geschehen nimmt und sich gleichzeitig in ein äußeres Geschehen integriert. Man könnte sagen, dass es die Bereitschaft ist, sich in einen Prozess zu verwickeln (oder sich darein ver-wickeln zu lassen) und sich wieder daraus (und dadurch sich selbst) zu ent-wickeln.
- dass Motivation im Zuge der sachlichen Prozessbewältigung auch auf persönliche Selbstverwirklichung[12] zielt.
- dass in der Auseinandersetzung mit einem Geschehen Motivation des Individuums grundsätzlich vorhanden ist bzw. vorhanden sein muss.
- dass Motivation fehlen kann, aber nur phasenweise.
- dass die Kenntnis der Motivationsphasen die Anforderungen an das Individuum im Lösungsprozess klärt. Das erleichtert die Orientierung, eröffnet Handlungsspielräume und wirkt seinerseits wieder motivierend.

---

[12] So wie laut Maslow (Bedürfnispyramide) Selbstverwirklichung das oberste Bedürfnis des Individuums ist

1.4. Exkurs

Wie es in Japan diverse Ausdrücke für die Kirschblüte, bei den Tuareg verschiedene Ausdrücke für Sand und bei den Inuit für Schnee gibt, kennt der Problemlöser der modernen Arbeitswelt viele verschiedene negative Ausdrücke für denjenigen, der Lösungsprozesse vorzeitig abbricht und andere so um den „Genuss" der Lösung bringt.

Für diejenigen, die aus einem Prozess aussteigen und damit die Fortsetzung des Prozesses verhindern, gibt es in der Sprache der Beteiligten, die sich um ihre Motivation betrogen fühlen, ganz unterschiedliche – meist aggressive – Ausdrücke, die dieses Verhalten diskreditieren.

Dabei ist erstaunlich, wie viele solcher Ausdrücke es gibt und wie differenziert sie gebraucht werden. Das scheint ein sicheres Indiz dafür zu sein, wie wichtig Prozesspräsenz und Problemlösen für moderne Zivilgesellschaften sind und welche große Bedeutung ihnen beigemessen wird.

Hier einige Beispiele, analog zu Prozessphasen des Apriori-Modells (ohne Anspruch auf Vollständigkeit):

- Die Blockade des Lösungsprozesses in der Phase der Beobachtung ist das Nicht-Erkennen, Nicht-Wahrnehmen. Sein Protagonist ist als „Penner" verschrien.
- Das Festhalten an alten Lösungsstrategien wird als „Sturheit" bezeichnet.
  Wohingegen die Übertriebene Reaktion zu blindem Aktionismus und voreiligen Entscheidungen führt, zu Provisorien und Scheinlösungen. Sein Protagonist wird im Süddeutschen Raum als „Überzwerg" bezeichnet. Derjenige (f/m), der sich nicht einlässt

und immer neue Beobachtungen ins Feld führt ist der „Bedenkenträger".

- Das Verharren in Definitionen und Diagnosen wird als „meckern", „maulen" oder „rumkritteln" bezeichnet. Das Problem wird immer wieder neu definiert, was als „jammern" bezeichnet wird. Es kommt nicht einmal zum Versuch, den Zustand zu ändern. Oder der „Finger wird [immer wieder] in die Wunde" gelegt, darüber hinaus geschieht aber nichts. Sein Protagonist ist der „Miesmacher", der „Mismatcher", weil er den Wechsel zur Lösungsorientierung nicht schafft.
- Visionen, die immer neu entworfen, aber nicht konzeptionell weiterverfolgt werden, werden als „Fantasterei" eines „Spinners" bezeichnet (wohingegen jemand, die/der Ideale betont und sich auch um deren Umsetzung kümmert, mit einer gewissen Anerkennung als Visionär bezeichnet wird.)
- Die ständig neue Produktion von Konzepten und Strategien gilt als „Theoretisieren". Sein Protagonist ist als „Besser-Wisser" oder „Klug- Scheißer" verschrien.
- Derjenige, der den Praxis-Test vermeidet, wird – weil er unfähig ist „dicke Bretter zu bohren" (den Prozess bis zu Ende durchzustehen) – als „Dünnbrettbohrer" bezeichnet.

Es wäre interessant zu untersuchen, ob sich hier sprachlich ausdrückt, dass mit dem historischen Zugewinn individueller Freiheit und Unabhängigkeit und der damit einher gehenden Übernahme von Verantwortung für persönliche und berufliche Prozesse, der Einzelne zunehmend auf verlässliche Kooperation angewiesen ist, deren Nichteinhaltung entsprechend diskreditiert wird.

2. Die Apriori-Motivations-Methode

2.1. Motivieren

Motivieren geschieht, wenn Individuen extern durch verschiedene Prozessphasen begleitet werden. Für jede Motivationsphase gibt es eine spezifische Außenstützung. Synchron zu den tabellarisch aufgelisteten Prozess- und Motivationsphasen entsteht so ein Register, das als eine kompakte, auf das Wesentliche reduzierte **Didaktik** – im Sinne einer „Kunst des Motivierens" – bezeichnet werden kann. (Siehe auch S. 100)

Dabei gilt grundsätzlich festzuhalten, dass die Bereitschaft, sich auf Prozesse einzulassen, nicht „erzeugt" werden kann. Es gibt kein „extrinsisches" Motivieren! Die Didaktik kann die Motivation des Betroffenen (f/m) nur unterstützen, indem sie ihn durch den Prozess führt.

Externe Prozessbegleitung kann a) aktiv oder b) rezeptiv sein:

a) *Motivation* wurde definiert als die Bereitschaft, sich gestaltend auf einen Prozess einzulassen und zuzulassen, dass er etwas mit einem macht.
Motivieren ist die **aktive** Begleitung dieses Prozesses von außen durch Rhetorik / Pädagogik / Didaktik / Supervision / Therapie / Interpretation. Die Phasen des Motivierens funktionieren als kompakte Gliederung sowohl für Unterrichtsstunden als auch als Leitfaden für das therapeutische Gespräch, für Supervision etc. Die „Didaktische Prinzipien" stellen die positiven Grundhaltungen des Pädagogen oder Therapeuten dar.

b) Die Interpretation ist insofern ein Sonderfall, weil es vordergründig darum geht, ein Verhalten nur zu verstehen, ohne es unterstützen zu wollen. Auf den verändernden Impuls wird verzichtet, etwas wird **rezeptiv** nachvollzogen und ihm wird gegebenenfalls die eigene Position entgegengestellt. Das *Verstehen* eines fiktiven oder realen Prozesses steht im Vordergrund.

Aber auch in dem Fall gelten die gleichen Phasen des Motivierens, weil beispielsweise der Kriminalist Adressat und Empfänger selbst ist, der sich in den Täter und die Tat hineinversetzen will; oder der Leser, der sich das Verhalten des Protagonisten erklärt.

Die Phasen des Motivierens sind:
1. einen Konflikt / ein Ereignis / eine gegensätzliche Dynamik; veranschaulichen / zeigen; darauf hinweisen.
2. die Reaktion auf den Konflikt beschreiben / spiegeln / abbilden.
3. den Konflikt und die Reaktion auf den Konflikt bilanzieren / zusammenfassen.
4. Den Wechsel von der Problemanalyse zur Lösungsorientierung einleiten;
5. Kenntnisse / Wissen / Techniken für die Entwicklung von Konzepten vermitteln
6. die praktische Umsetzung der Konzepte / Fähigkeiten / Fertigkeiten unterstützen / anleiten.

Die tabellarische Darstellung der Prozessbegleitung zeigt die sechs Phasen einer **idealen Didaktik** und / oder **einer idealen Rhetorik**, explizit nicht im Sinne einer geschickten Manipulation, sondern im Sinne einer Unterstützung dafür, sich in Prozesse zu integrieren und sie zu bewältigen.

Die didaktischen Prinzipien sind:
1. Anschaulichkeit
2. Empathie;
3. Präzision
4. Konstruktivität; Integrität
5. Kompetenz
6. Solidarität; Hilfsbereitschaft; Respekt

Tabelle: Motivieren ⟶ Motivation

	Prozess	Motivieren	Motivation
1	**Konflikt; Problem- Erfahrung Ereignis;**	einen Konflikt / ein Ereignis / eine gegensätzliche Dynamik veranschaulichen / zeigen. *nach dem Prinzip:* **Anschaulichkeit**	einen Konflikt erleben / erleiden / empfinden / wahrnehmen; beobachten. *nach dem Prinzip:* **Aufmerksamkeit;**
2	**Reaktion**	die Reaktion auf den Konflikt beschreiben / spiegeln / abbilden. *nach dem Prinzip:* **Empathie**	spontan reagieren / handeln; etwas ausprobieren; sich einlassen. *nach dem Prinzip:* **Spontaneität;** **Betroffenheit**
3	**Problem- definition**	den Konflikt und die Reaktion auf den Konflikt bilanzieren / zusammenfassen. *nach dem Prinzip:* **Präzision**	das Problem definieren / erkennen / einsehen. *nach dem Prinzip:* **Verstehen**
4	**Optimum**	den Wechsel von der Problemanalyse zur Lösungsorientierung einleiten. *nach dem Prinzip:* **Konstruktivität;** **Integrität**	das Optimum über die positive Antithese entwickeln. *nach dem Prinzip:* **Authentizität;** **Verbindlichkeit;**
5	**Konzept Strategie**	Kenntnisse / Wissen / Techniken für die Entwicklung von Konzepten vermitteln. *nach dem Prinzip:* **Kompetenz**	Konzepte / Strategien zur Umsetzung des Optimums entwickeln / planen. *nach dem Prinzip:* **Interesse; Kreativität;** **Enthusiasmus;**
6	**Lösung**	die praktische Umsetzung der Konzepte / Fähigkeiten / Fertigkeiten unterstützen / anleiten. *nach dem Prinzip:* **Solidarität; Respekt;** **Hilfsbereitschaft**	das Konzept praktisch umsetzen / verwirklichen; das Problem lösen. *nach dem Prinzip:* **Engagement; Fleiß** **Arbeitseifer;**

2.2. Demotivieren

So wie es positives Motivieren gibt, das den Individuen hilft, sich in Prozesse zu integrieren, gibt es auch Demotivieren (=negatives Motivieren), das zu Demotivation führt. Der negative Impuls erzeugt nicht Bereitschaft, sich auf Prozesse (oder das Leben) einzulassen, sondern Abwehr.

Negative Impulse sind nicht unbedingt als bös absichtliches Verhalten zu werten. Sie geschehen auch aus Nachlässigkeit, Gedankenlosigkeit oder aus dem Bedürfnis, Prozesse zum „Wohle" anderer oder zum Schutz der eigenen Person zu manipulieren.

Tabelle: Demotivieren ⟶ Demotivation

	Prozess	Demotivieren – irritierender Impuls	Demotivation
1	**Konflikt; Problem- Erfahrung Ereignis;**	die Wahrnehmung behindern / stören / „verdrehen".	(etwas) nicht erleben / erleiden / empfinden / wahrnehmen / beobachten; unaufmerksam sein.
		nach dem Prinzip: **Ablenkung; Irritation**	*nach dem Prinzip:* **Unaufmerksamkeit;** falsche / ungenaue Wahrnehmung
2	**Reaktion**	die Reaktion auf den Konflikt nicht nachvollziehen / verstehen.	sich nicht einlassen / reagieren; zögern; etwas vermeiden; ausweichen; wegsehen.
		nach dem Prinzip: **Unverständnis; Gefühllosigkeit; Härte**	*nach dem Prinzip:* **Unsicherheit; Ängstlichkeit**
3	**Problem- definition**	Konflikt und Reaktion falsch darstellen / bewerten; etwas verharmlosen / leugnen.	das Problem nicht definieren / erkennen / einsehen.
		nach dem Prinzip: **Entstellung;**	*nach dem Prinzip:* **Ignoranz; mangelndes / fehlendes Problembewusstsein**
4	**Optimum**	nicht zur Lösungsorientierung wechseln; in der Kritik (hängen) bleiben.	Ziele / Ideale / Visionen nicht benennen / anstreben; sich nicht festlegen / positionieren.
		nach dem Prinzip: **Destruktivität**	*nach dem Prinzip:* **Ambivalenz; Zynismus**
5	**Konzept Strategie**	**Kenntnisse** / Wissen für die Entwicklung von Konzepten nicht verfügbar machen; Information zurückhalten.	Konzepte / Strategien zur Umsetzung des Optimums nicht/ mangelhaft entwickeln / planen.
		nach dem Prinzip: **Inkompetenz**	*nach dem Prinzip:* **Desinteresse; Phantasielosigkeit**
6	**Lösung**	die praktische Umsetzung der Konzepte nicht unterstützen / anleiten; ungenaue Hilfestellung geben.	das Konzept nicht anwenden / umsetzen / verwirklichen; das Problem nicht lösen.
		nach dem Prinzip: **fehlende(r) Hilfsbereitschaft / Respekt**	*nach dem Prinzip:* **Lustlosigkeit; Resignation**

3.   Die Apriori-Übersichtstabelle

	Motivieren	Motivation	Demotivieren	Demotivation
	Impuls	Aktion	irritierender Impuls	Widerstand
	Positives didaktisches Prinzip	**Positives Handlungsprinzip**	**Negatives didaktisches Prinzip**	**Negatives Handlungsprinzip**
1 **Konflikt; Problem-Erfahrung; Ereignis;**	einen Konflikt / ein Ereignis / eine gegensätzliche Dynamik veranschaulichen / zeigen.	einen Konflikt erleben / erleiden / empfinden / wahrnehmen; beobachten.	die Wahrnehmung behindern / stören / „verdrehen".	(etwas) nicht erleben / erleiden / empfinden / wahrnehmen / beobachten; unaufmerksam sein.
	Anschaulichkeit	**Aufmerksamkeit;**	**Ablenkung; Irritation**	**Unaufmerksamkeit;** falsche/ungenaue Wahrnehmung
2 **Reaktion**	die Reaktion auf den Konflikt beschreiben / spiegeln / abbilden.	spontan reagieren / handeln; etwas ausprobieren; sich einlassen.	die Reaktion auf den Konflikt nicht nachvollziehen / verstehen.	sich nicht einlassen / reagieren; zögern; ausweichen; wegsehen; etwas vermeiden
	Empathie	**Spontaneität; Betroffenheit**	**Unverständnis; Gefühllosigkeit; Härte**	**Unsicherheit; Ängstlichkeit**
3 **Problemdefinition**	den Konflikt und die Reaktion auf den Konflikt bilanzieren / zusammenfassen.	das Problem definieren / erkennen / einsehen.	Konflikt und Reaktion falsch darstellen / bewerten; etwas verharmlosen / leugnen.	das Problem nicht definieren / erkennen / einsehen.
	Präzision	**Verstehen**	**Entstellung;**	**Ignoranz; mangelndes / fehlendes Problembewusstsein**

	Motivieren	Motivation	Demotivieren	Demotivation
4 **Optimum**	den Wechsel von der Problemanalyse zur Lösungsorientierung einleiten.	das Optimum über die positive Antithese entwickeln.	nicht zur Lösungsorientierung wechseln; in der Kritik (hängen) bleiben.	Ziele / Ideale / Visionen negieren; nicht benennen / anstreben; sich nicht festlegen / positionieren.
	Konstruktivität; Integrität	**Authentizität; Verbindlichkeit**	**Destruktivität**	**Ambivalenz; Zynismus**
5 **Konzept / Strategie**	Kenntnisse / Wissen / Techniken für die Entwicklung von Konzepten vermitteln.	Konzepte / Strategien zur Umsetzung des Optimums entwickeln / planen.	Kenntnisse / Wissen für die Entwicklung von Konzepten nicht verfügbar machen; Information zurückhalten.	Konzepte / Strategien zur Umsetzung des Optimums nicht / mangelhaft entwickeln / planen.
	Kompetenz	**Interesse; Enthusiasmus; Kreativität**	**Inkompetenz**	**Desinteresse; Phantasielosigkeit**
6 **Lösung**	die praktische Umsetzung der Konzepte/ Fähigkeiten / Fertigkeiten unterstützen / anleiten.	das Konzept praktisch anwenden / umsetzen / verwirklichen; das Problem lösen.	die praktische Umsetzung der Konzepte nicht unterstützen / anleiten; ungenaue Hilfestellung geben.	das Konzept nicht anwenden / umsetzen / verwirklichen; das Problem nicht lösen.
	Solidarität; Hilfsbereitschaft; Respekt	**Engagement; Arbeitseifer; Fleiß**	**fehlende(r) Hilfsbereitschaft / Respekt**	**Lustlosigkeit; Resignation**

Mit der Übersichtstabelle lässt sich a) fehlende Motivation im Prozess verorten, b) misslungene Prozessintegration rekonstruieren und c) der Prozess in dieser Phase mit dem jeweiligen Impuls wieder ins Fließen bringen.

Wenn beispielsweise jemand (f/m) an einem Prozess desinteressiert ist, würde man dies der fünfen Phase zuordnen.

a) Die unmittelbare Ursache könnte die Inkompetenz des Vorgesetzten (f/m) sein, die / der Informationen bewusst zurückhält oder Kenntnisse nicht vermitteln kann.

b) Es kann aber auch sein, dass der Mitarbeiter / Protagonist / Zuhörer / Klient / Lernende / Rezipient (f/m) schon viel früher „ausgestiegen" ist, dass beispielsweise in der zweiten Phase die Kontaktaufnahme mit dem Prozess nicht erfolgte, das Problem nicht nachvollzogen wurde und positive Optionen von vorn herein desavouiert wurden.

c) Dann müsste der motivierende Impuls darin bestehen, den Konflikt, das Problem noch einmal zu beschreiben und mit Empathie abzubilden, um die Möglichkeit zu eröffnen, über eine spontane Reaktion erneut in den Prozess einzusteigen.

- ✓ Die Übersichtstabelle ist ein Werkzeug, um manipulatives Verhalten (Demotivieren) aufzudecken.
- ✓ Als Interventionstabelle in Konfliktsituationen zeigt sie, wo der Konflikt steht
- ✓ und wie in welchen Phasen durch positive Impulse interveniert werden kann.
- ✓ Rezeptiv ist sie eine Auflistung von Verhaltens-Modulen, um das Verhalten realer oder fiktiver Protagonisten (f/m) im Abgleich mit der Tabelle zu identifizieren und zu interpretieren.

4. Die Apriori-Technik in Präsentation, Rhetorik, Performance und Werbung

4.1. Der Inhalt

Präsentationen Referate, Vorträge etc. könnte man als darstellende Formate bezeichnen. Appellative Formate wie Werbungen, Reden, Plakate etc. sind Formen der Darstellung, die bei den Rezipienten eine Haltungsänderung bewirken wollen.

Beim Erstellen aller Formate

- muss der Inhalt zunächst analysiert und erfasst

- und anschließend strukturiert werden (= Bezüge müssen hergestellt, Inhalte abgegrenzt und hierarchisiert werden).

In der Erarbeitung der Inhalte stellen sich die üblichen Fragen induktiven Arbeitens: Woran erkennt man Haupt- und Nebensächlichkeiten? Ist das, was ich gefunden habe, alles? Oder wurden zentrale Themenaspekte vernachlässigt?

Hier lenkt die Apriori-Methode - wie aus ihrer Beschreibung (S.55 ff) klar geworden ist – die **inhaltliche Erarbeitung eines Themas** über die sechs Prozess-Phasen so, dass das Thema sich in seiner Gesamtheit entfaltet. Sie strukturiert das Thema und holt über die geführte Recherche neue Inhalte heran.

4.2. Motivation der Rezipienten (f/m)

Bei darstellenden und appellativen Formaten werden die Empfänger gern mit Begriffen wie „Konsument", „Zielgruppe", „Rezipient" oder „Zuschauer" belegt, was eine eher passive Haltung impliziert. Genau das ist aber **nicht** beabsichtigt. Die Empfänger sollen ja nicht berieselt werden, sondern sie sollen sich als „aktive Zuhörer" am Prozess beteiligen.

Die im Apriori-Schema abgebildete Struktur ist eine aktive Struktur. Sie erleichtert den Zuschauern / -hörern die die Aufnahme von Inhalten, weil sie explizit darauf abzielt, sie in das Prozessgeschehen zu integrieren.

Produkte sind manifestierte Lösungen. Konzepte sind gedachte Lösungen. Die Grundvoraussetzung für das „Andocken" der Rezipienten an den Prozess ist die Schilderung einer Problemlage, weil sie eine Lösung in Form eines Konzepts oder Produkts überhaupt erst notwendig macht.

„Wenn ich Sie auffordere: ‚Bitte, beobachten Sie!', so sollten Sie mich dem Sprachgebrauch gemäß, fragen: ‚Ja, aber was? Was soll ich beobachten?' Mit anderen Worten, Sie bitten mich, Ihnen ein Problem anzugeben, das durch Ihre Beobachtung gelöst werden kann."[13]

Dass Themen ohne die Benennung des konkreten Problems eröffnet werden, könnte daran liegen, dass Konflikte, weil sie mit Begriffen wie „problematisch", „kompliziert" oder „schwach" konnotiert werden, als Makel erscheinen und mit dem pseudovitalen Gestus einer Leistungsgesellschaft unvereinbar

---

[13] K. Popper: „Alles Leben ist Problemlösen", München 1996, S. 19 / 20

sind.

Mit der Tabuisierung von Konflikten verliert die Performance zwangsläufig an Dynamik, weil eine saubere Prozessaufarbeitung und – auf Seiten der Rezipienten – deren Prozessintegration, von vorn herein verhindert wird.

Der andere Grund für die fehlende Problembenennung könnte sein, dass es oft nicht ganz einfach ist, den Konflikt zu finden, der sich als Ausgangspunkt für die Entfaltung eines Themas eignet.

Beispiel: *Wenn das Thema einer Präsentation einfach ‚Österreich' heißt, wo bitte soll sich da ein Problem verbergen? Geht aber nicht anders!*

Die Biografie Schopenhauers ist, wenn sie mit Eltern, Jahreszahlen und Landschaften beginnt, sterbenslangweilig. Sein Zusammentreffen mit den Galeerensträflingen von Toulon ist ein prägendes Erlebnis, das den jungen Schopenhauer tief erschüttert und die Formulierung seiner Mitleidsethik geradezu zwangsläufig erscheinen lässt.

Wie oben erwähnt, erwarten die Zuschauer / -hörer, dass eine Darstellung nicht abstrakt, sondern mit einem wahrnehmbaren phänomenalen Konflikt beginnt. Damit ist die Aufmerksamkeit da, das Interesse wird geweckt. Weitere Eyecatcher und Knalleffekte bringen höchstens kurzweilige Motivationsschübe.

Für die nun folgende Aneignung des Themas muss Gelegenheit sein zum Prozess Kontakt aufzunehmen, sich berühren zu lassen. Lösungsversuche können spontan mitgedacht und das Problem kann eigenständig erfasst werden. Nach der Erkenntnis oder einer Einsicht in das Prozessgeschehen werden Alternativen durchgespielt,

Zielvorstellungen entstehen und Strategien, wie Ziele sich umsetzten lassen, verbunden mit einer gewissen Freude daran, wie Konzepte sich in der Praxis gestalten. Wenn diese Erwartungen an die aktive Teilhabe „bedient" werden, bleibt der Spannungsbogen erhalten. Die Zuschauer / -hörer bleiben präsent. Wird deren natürliche Motivation dagegen ständig durchkreuzt, führt das zu Irritationen auf Seiten der Rezipienten und das Interesse lässt nach.

Wie bereits ausgeführt, sind die „Erwartungshaltungen" der Rezipienten eher Arbeitshaltungen und sind identisch mit den Motivationsphasen (siehe Tabelle „Motivation", S. 78). Der einzige Unterschied besteht darin, dass die Motivationsphasen im Apriori-Schema einen aktiv Handelnden beschreiben, wohingegen der Rezipient einen Inhalt aktiv nachvollzieht.

4.3.   Anforderungen an die Darstellung

In allen Formen der Darstellung müssen die Inhalte so präsentiert werden, dass die Zielgruppe einbezogen wird und präsent bleibt. Die hierfür eingesetzten technischen Mittel (Folien, Gestik und Mimik, technische Hilfsmittel, Betonung, sprachliche Figuren, Grafiken...) dienen sowohl der Vermittlung der Inhalte als auch dem didaktischen Ziel, die „Empfänger" schrittweise in den Prozess zu integrieren.

Beispiel: Eyecatcher sollten nicht nur Aufmerksamkeit erregen, sondern gleichzeitig einen phänomenal erscheinenden Konflikt verdeutlichen.

Speziell bei den appellativen Formaten besteht die Kunst darin, den Prozess vom Problem bis zur Lösung in wenigen Bildern und Ausdrücken darzustellen (siehe: Choreographie darstellender und appelativer Formate, S. 100). Das aber wie gesagt nicht im Sinne einer geschickten Manipulation (!), sondern um die Rezipienten darin zu unterstützen, verschiedene Haltungen einzunehmen, aus denen heraus sie den einzelnen Prozessphasen optimal folgen können.

Die Vorlage hierfür liefern die didaktischen **Prinzipien des Motivierens** (siehe Tabelle: Motivieren, S. 89). Die Tabelle „Choreographie darstellender und appelativer Formate", (S. 100) zeigt, *welche* Impulse in der Präsentation, in der Rede, im Clip, im Vortrag ...*wie* gesetzt werden müssen, um gleichzeitig mit der Vermittlung der Inhalte die Rezipienten zu motivieren, eine positive „Arbeitshaltung" einzunehmen.

4.4.   Zusammenfassung

1. **Das Schema der Apriori-Methode** lenkt die Recherche so, dass sich ein Thema über die Erkundung der sechs Prozess-Phasen in seiner Ganzheit entfaltet.
2. Das Ziel ist es, das Publikum zu motivieren, heißt: ihm die Möglichkeit zu eröffnen, den (Arbeits-) Prozess / die Darstellung eines Themas / die Performance / die Werbung / die Präsentation / die Rede ... in jeder Phase lebendig und aufmerksam als Handelnder oder aktiv Zuhörender zu erleben oder zu verfolgen. (Siehe **Tabelle: Choreographie darstellender und appellativer Formate**).

4.5. Tabelle: Choreographie darstellender und appellativer Formate

	Darstellung (f/m)		Zuschauer, -hörer (f/m)	
	Rhetorik / Didaktik	Haltung	Haltung	Motivation
	Die Darstellung [verfährt] …	nach dem **Prinzip** …	damit das Publikum nach dem **Prinzip**…	… [handeln kann]
1	veranschaulicht / zeigt einen Konflikt, ein Ereignis / eine gegensätzliche Dynamik	**An-schau-lichkeit**	**Aufmerk-samkeit;**	einen Konflikt erleben / empfinden / wahrnehmen / beobachten kann
2	beschreibt / spiegelt / bildet die Reaktion auf den Konflikt ab	**Empathie**	**Spontane-ität;** Betroffenheit	reagieren / etwas ausprobieren / sich spontan einlassen kann
3	bilanziert / fasst den Konflikt und die Reaktion auf den Konflikt zusammen	**Präzision**	**Verstehen**	das Problem definieren / erkennen kann
4	leitet den Wechsel von d Problemanalyse zur Lösungsorientierung ein	**Kon-struktivi-tät; In-tegrität**	**Authenti-zität;** Verbindlichkeit;	das Optimum über die positive Antithese entwickeln kann
5	vermittelt Kenntnisse / Wissen / Techniken für die Entwicklung von Konzepten.	**Kompe-tenz**	**Interesse; Enthusi-asmus; Kreativi-tät;**	Konzepte / Strategien zur Umsetzung des Optimums entwickeln bzw. nachvollziehen kann
6	erklärt die praktische Umsetzung der Konzepte / weist auf Fähigkeiten / Fertigkeiten hin	**Respekt;** Anerkennung	**Engage-ment;**	die praktische Umsetzung des Konzepts / die Lösung des Problems nachvollziehen kann.